本书编委会

主　编

陈　凌　戴　俊

编委会成员

张　健（首席专家）　黄永庆　胡旭杰

章迪禹　孙越琦　谢倞晶　资默奇　叶玮昱

· 中国家族企业管理智慧丛书 ·

陈 凌 朱建安 主编

治理传承顶层结构

家族基金会和家族信托

◆

陈凌 戴俊 主编

ZHEJIANG UNIVERSITY PRESS

浙江大学出版社

· 杭州 ·

图书在版编目（CIP）数据

治理传承顶层结构：家族基金会和家族信托 / 陈凌，戴俊主编. —杭州：浙江大学出版社，2023.5
ISBN 978-7-308-23466-5

Ⅰ.①治… Ⅱ.①陈…②戴… Ⅲ.①家庭－私营企业－企业管理－研究－中国 Ⅳ.①F279.245

中国版本图书馆CIP数据核字（2022）第255394号

治理传承顶层结构：家族基金会和家族信托

陈 凌 戴 俊 主编

出 品 人	褚超孚
策划编辑	张 琛 吴伟伟 陈佩钰
责任编辑	陈佩钰（yukin_chen@zju.edu.cn）
文字编辑	金 璐
责任校对	许艺涛
装帧设计	雷建军
出版发行	浙江大学出版社
	（杭州市天目山路 148 号 邮政编码 310007）
	（网址：http://www.zjupress.com）
排 版	浙江时代出版服务有限公司
印 刷	杭州宏雅印刷有限公司
开 本	880mm × 1230mm 1/32
印 张	9.875
字 数	201千
版 印 次	2023年5月第1版 2023年5月第1次印刷
书 号	ISBN 978-7-308-23466-5
定 价	78.00元

总　序

一、为什么需要这样一套丛书？

2014 年底，浙江大学管理学院企业家学院成立伊始，编写一套有关家族企业管理的教材就是我们与捐助方确定的重点项目之一。当时我们已经完成了教材《家族企业管理：理论与实践》的初稿，但是考虑到国内已经有几本翻译引进的家族企业管理教材，再增添一本意义不大。更重要的是，除了在浙江大学管理学院为 MBA 学生开设的一门选修课，国内高校对于这样的教材的需求几乎为零。另外，随着改革开放以来成立的民营企业逐渐进入传承阶段，很多企业显示出从创业企业到家族企业的趋势，也就是说这些企业不仅由家族创办和经营，而且在第一代到第二代的传承过程中，创业者子女在家族内部完成传承发展逐渐成为一种主流模式。即使这些创业者选择非家族的职业经理人团队继续经营企业，家族依然会保持控股方的角色，家族会培养子女担任企业的大股东和治理者。无论是家族经营还是外人经营，这些家族都会面临不参与企业经营与治理的家族成员的财富管理需求。最近几年，国内各种专业机构都加大了对高净值客户的家族服务内容，家族企业管理以外的投资和财富管理、家风建设、子女教育、健康管理等专题成为最受欢迎的内容。

经过慎重考虑，我们放弃了原来的撰写一本适合本科生或者MBA 学生课程的教材的计划，而是按照原写作团队各成员的主攻方向，设计一套由若干本专题读物构成的丛书，这样不仅每本书的内容更为聚焦，可以把每个专题的理论概念、典型案例和相应的具体实践讲清楚，让读者开卷有益，而且也有利于我们邀请更多的作者，尤其是具有实操服务能力的专家来参与写作。因此，这套丛书是开放的，我们计划在未来的三年里完成第一轮写作和出版，同时，在后续的教学和使用过程中持续修订。

二、当下中国家族企业的数量、范围与特殊性

改革开放以来，民营企业获得了飞速的发展。截至 2021 年底，我国民营企业超过 4400 万家，贡献了全国 50% 以上的税收、60% 以上的国内生产总值、70% 以上的技术创新成果、80% 以上的城镇劳动就业、90% 以上的企业数量。数千年的政治经济和文化遗产给当今的社会经济组织打上了深深的"家族主义烙印"。由家族所有、经营并且希望家族一代代传承下去的民营企业，也就是这套丛书所要研究的家族企业，与其他民营企业、国有企业在目标、战略规划、战略实施与控制、管理和所有权以及绩效等方面表现出显著差异。

中国家族企业长期隐没在民营企业的大群体之中，对其比重一直缺少准确的估计。根据《中国家族企业发展报告（2011）》（基于第九次私营企业抽样调查数据），家族企业（由自然人及其家族绝对控股的企业）数量在私营企业中的占比达到85.4%。如果还要考虑到家族参与经营，那么家族企业在民营企业中的占比为55.5%。因此，即便是采用严格的界定，中国家族企业数量也在2000万家以上，当然，其中绝大多数是中小企业。随着时间的流逝，这些家族所有、家族经营的创业型企业还表现出越来越浓厚的家族传承的特征。

这套丛书是服务于不断成长中的中国民营企业及其背后的家族，那么当下的中国家族企业有哪些特殊性呢？为什么我们会坚持按照"全球视野、亚洲案例，助力中国家族企业健康发展"这样的理念来编写这套丛书呢？一方面，国外家族企业教材提供了成熟家族企业管理的系统知识，对于我们从理论和实践的角度认识家族企业管理的重要内容很有帮助，这也是我们讨论现实家族企业现象和问题的知识基础。另一方面，国内外文献都非常重视家族企业的异质性问题，这种异质性不仅来自家族及其管理团队目标和价值观的多样性，也来自这些家族所处的产业和地区环境的多样性。也就是说，国内的民营企业最终是否会成为家族企业，创业家族是否有在家族完成传承和发展的意愿与梦想是不确定的。因此，我们的"知识陪伴"同样需要保持开放性和多样性。

此外，由于中国家族企业在第一次代际传承时面临全球化和新产业革命的激烈变革，加上我国实行的计划生育政策，国内家族普遍面临"小家庭、大企业"的困扰。所谓"小家庭"，就是创业家庭的规模还比较小，而且创业者原来并没有按照事业接班人的计划来培养自己的孩子，但是经济的快速发展让这些企业在较短时间内积累了巨大的财富。这与国外多世代家族企业所面临的挑战非常不同。国外著名家族企业发展的最先几代通常会处于稳步成长的阶段，几代人生产几乎同样的产品，从创业家族到三四代同堂的大家族已经积累了比较丰富的企业经营和家族管理的经验，形成了比较稳定的家族文化和家族凝聚力。正是这些非常重要的不同，让我们团队极其重视对当下的国内家族企业现象的研究。

当下中国家族企业的特殊性还在于，与西方国家相比，中国民营企业集中分布于传统华人家族观念得到较好保留的沿海各省的农村。历史典故、民间传统、口口相传的家族文化和祖先故事在中国家族企业的创业与健康发展中起到了关键作用，这就是优秀民营企业在悄无声息中顺利完成了接班人的培养和事业传承的原因之一，就如我们熟悉的浙商中的万向集团鲁冠球与鲁伟鼎父子、传化集团徐传化与徐冠巨父子、万事利集团沈爱琴与屠红燕母女、横店集团徐文荣与徐永安父子、方太集团茅理翔与茅忠群父子等。全国各地都有"老子英雄儿好汉"的优秀传承案例，比如江苏有沙钢集团沈文荣、沈彬父子，四川有新希望集团刘永好、刘畅父女，广东有碧桂园集团杨国强、杨惠妍父女。这些著名家族企业完成传承发展的经验和智慧值得认真总结和提炼。我们期待更多的创业家族能够可持续发展，期待中国能有越来越多的世界级企业和超过百年的老店。

家族企业与其他企业相比表现出差异，主要源于家庭的涉入，而家庭建设往往是很多企业家所忽视的。因此，本套丛书既要分析家族企业的国际化、职业化与现代化转型，更要分析家庭关系、家庭教育、家族治理、家庭财富；既要涵盖家族企业的创新创业，还要包括家族企业的代际更替；既要给家族企业当下的传承发展提供建议，还要针对家族企业如何穿越周期走向百年提供洞见；既要邀请高校学者提供中国答案、国外经验，也会邀请业界精英介绍落地架构，邀请著名企业家撰写传承心得、分享传承智慧。

三、本套丛书的主要特色

本套丛书有以下几个特点：

第一，用健康观、整体观和发展观看待家族企业。中外家族企业研究都强调用系统论观念看待家族企业的长期成长和发展，在此基础上，自 2012 年开始，浙江大学家族企业研究团队就陆续推出了《中国家族企业健康指数报告》，从企业健康、企业家健康和家庭健康三个维度来观察和分析中国家族企业。

第二，用榕树模型概括家族企业独特的经营模式。中外家族企业研究者不约而同地以树来比喻家族企业，我们用华南普遍存在的榕树来比喻华人家族企业。榕树的枝条落地生根，在适宜的环境下能够独木成林，而发达的根须系统能够使其在恶劣环境下存活数百年。所以，榕树模型很好地体现了中国独特的家族观念与制度，反映了中国人普遍的企业家精神。

第三，中国家族企业的成长和发展不仅表现出对制度情境的良好适应能力，而且要和国家重大发展战略结合起来，为高质量建设共同富裕社会做出积极贡献。我们要通过这套丛书宣扬财富向善的价值观念，让更多的创富家族能够正确看待财富、运用财富，凝练家风，注重家庭建设，实现创新创业精神的代际传承，为社会做出更大的贡献。

第四，这套丛书针对的是成长定型进程中的家族企业。与欧美国家的家族企业管理教材针对的是已经定型的多世代家族企业相比，国内的家族企业普遍还处于从第一代到第二代的传承过程中，这是非常特殊的家族企业发展阶段，也是不同类型的家族企业的形成期或转型期，因此针对这个时期的家族企业的发展可以直接借鉴的文献或教材很少，而相关的案例和经验教训值得研究与总结，这也是这套丛书的特色所在。

第五，以跨学科视角研究家族企业的各个专题。本套丛书的写作团队从经济学、管理学、历史学、心理学、政治学、教育学等不同学科视角来研究家族企业现象，这从各册的书名中就可以体现出来：如《治理传承顶层结构：家族基金会和家族信托》《家族企业治理：家族、股东与高管的平衡术》《中国式创业家庭：基业长青的关键力量》等。我们期待有更多完成传承的家族企业掌门人来分享他们的传承和治理心得。如方太创始人、中国家族企业的长期实践者和研究者茅理翔先生为本套丛书贡献了《传承十六论：茅理翔谈家族企业》。企业家和家族成员的参与，能为本套丛书提供丰富的实践视角和管理智慧，无疑，这样的实践经验和智慧弥足珍贵。

本书写作团队在过去持续地开展家族企业传承发展的理论和实践研究，我们发现：无论是中国历史和文化传统中丰富的家族管理知识，还是发达国家长寿企业的经营管理经验和智慧，都不足以帮助当下的中国家族企业妥善地应对未来的挑战。全球视野必须和中国当下案例紧密结合在一起，吸收中国传统智慧并做创造性转化。这是研究者的巨大挑战，但也孕育着无限的创新空间。这套丛书的目标读者不仅包括从事家族企业服务的各种机构的专业人士，也包括并且应当包括广大的家族企业家及其成员。期待这套丛书能够陪伴更多的读者，引导他们学习优秀家族企业的管理智慧，经营好自己的人生，同时经营好自己的家庭。

陈　凌　朱建安

2022 年 10 月 5 日

序

改革开放 40 余年来，我国经济发展取得巨大成就，国内生产总值超过百万亿元，经济总量稳居世界第二，人民生活水平大幅提升，以企业主为主的高净值家庭数量不断增加。特别是民营企业家经过一代或者两代人的努力，积累了很多财富。传承是一种责任，但我们在家族财富传承的方式和选择上尚需付出更多努力。

正如书中所写"以家族为根，治理为干，事业为冠，只有根系发达，才能枝繁叶茂"，要实现家族传承，就必须有家族治理。近年来，家族信托在我国高净值人群中的运用越来越多。作为顶层结构的实施工具，家族信托在构建稳定的家族所有权体系、家族风险隔离和世代传承方面具有不可替代的作用，也因此，有许多财富家族将其用于实现自己的家族意愿。本书视野宽阔，内容厚实，既有基础理论指导，又有具体的应用工具和参考案例介绍，具有较强的实践指导意义，能帮助国内家族更加清晰地描绘蓝图，找到实现家族目标的路径和工具。

作为浙江省属唯一信托公司，浙商金汇信托股份有限公司（以下简称浙金信托）立足信托本源，充分发挥信托制度优势，开展家族信托业务，助富、守富、传富。家族信托品牌已具有一定市场影响力。我们期待与更多专业机构合作，为更多的中国本土高净值家庭设计和实施顶层结构，提供高质量、全生命周期的财富管理服务。

是为序。

余艳梅

浙商金汇信托股份有限公司董事长、党委书记

2022 年 10 月 15 日于杭州

目 录

第一章

家族治理与传承顶层结构：理论基础

改革开放以来，"让一部分人先富起来"的政策推动中国出现了全球最大规模的以企业主为主的高净值客户群体。[1]随着这些客户年龄增长，其个人财富逐渐转换为家族财富，企业主及其家人成为各类金融机构的重点服务对象。随着互联网等新经济持续崛起，企业高管与专业人士、科研人才、金融投资者、明星网红等新富人群不断涌现，虽然企业主仍为超高净值客户的主要群体，但以房产投资、现金及股票为财富主要持有形式的新富人群也逐渐受到社会关注，创富家族的财富来源日趋多样。根据《2021意才·胡润财富报告》调研数据，截至 2021 年 1 月 1 日，中国拥有 600 万元及以上总财富的"富裕家庭"数量已达 508 万户，拥有千万元总财富的"高净值家庭"数量达到 206 万户，拥有亿元总财富的"超高净值家庭"数量达 7.9 万户。中国富裕家庭拥有的总资产达 160 万亿元，是中国全年 GDP 的 1.6 倍，其中作为主要收入来源的家庭成员中，31% 为企业中高层管理者，25% 为

① Credit Suisse. Global Wealth Report 2022[R/OL].（2022-09-01）[2022-09-22].https：//www.credit-suisse.com/about-us/en/reports-research/global-wealth-report.html.

全职投资者，23% 为自由职业者，21% 为企业家。① 另外，随着计划生育政策的逐步放开，富裕家庭二胎、三胎的生育意愿大幅增加。以复旦青年创业家教育与研究发展中心联合中宏保险宏运世家家族办公室发布的《中国家族企业传承研究报告（2021）》为例，其调查的 210 个家族企业创始人家庭中，子女数量在两个及以上的比例超过 50%，创富家族的核心家庭规模不断扩大，家庭意识和家族观念逐渐恢复，家族传承需求持续觉醒。

每一个家庭，都承载着人们对美好生活的向往。家族治理与传承在古今中外始终是一个充满家族智慧的命题，越来越多的金融机构也开始从高净值客户财富管理延伸至综合家族服务。如何梳理自己家族的过去、当下与未来？如何建立恰当的家族议事规则和决策机制？如何在海内外常用架构中选择适合自己家族的治理工具？家族治理与传承的基本理念与知识走进千家万户正当其时。

本书写作团队来自高校和专业服务机构，希望能够以家族为核心，从健康观、系统观、成长观的视角去解读家族及其事业系统这棵"家族生命之树"，从个性中寻求共性，为读者理解家族及其事业系统构建基本分析框架，从更综合的视角看待家族在空间维度上的治理与发展，以及在时间维度上的传承与延续。同时，本书始终围绕以下三个层次探讨家族整体的治理与传承。

首先是梳理家族蓝图（family blueprint），即梳理家族自身

① 建信信托，胡润研究院 .2021 中国家族财富可持续发展报告 [R]. 2021：32.

的文化与精神，凝聚家族共同的目标、愿景、价值观。所有创富家族都需要关注家族治理、企业治理和家业传承，但每个家族一定具有其个性化、多样性的家族文化与家族精神。家族需要根据自身的发展历史和独特精神财富，梳理清楚"我们是谁""我们如何发展到现在""我们将要去向哪里"等家族目标、愿景、价值观，凝聚家族成员对未来发展的共识，如此才能以有效的家族治理为代际传承提供不竭的力量和资源，支撑家族基业长青。

其次是设计顶层结构（general framework/structure），在家族蓝图的指引下，家族需要设计完善的顶层治理结构。顶层治理结构作为连接家族系统、事业系统的桥梁，为财富及各类资源的流动提供载体，如家族成员如何参与家族企业的治理、如何在家族成员之间进行财富的分配、家族如何培养优秀的后代成员等。在家族语境下，本书将顶层结构定义为支撑家族系统和事业系统的治理机制的集合，涉及家族治理、企业治理（将事业主体统一视为企业实体）与财富管理三个组成部分，是家族治理与企业治理、财富管理之间有机连接和协同的整体。顶层结构的设计需要基于家族自身的个性化需求，与提供专业产品和服务的第三方专业机构共同合作，根据家族、事业和财富的不同属性和模式，通过一系列制度设计加以明晰和逐渐成形。

最后是落地专业工具（operational instruments），即顶层结构的具体实现方式。家族主要资产可分为有形的企业股权、股权投资等与家族事业直接相关的权益类资产，现金、股票投资、保险、信托等金融资产,以及房产、艺术品、黄金等固定资产和其他资产。无形的家族人力资本更是家族财富的核心组成部分,家族服务机构开始日益关注家族成员的健康和教育,能力提升和晋升选择,以及家庭关系的培养和维系。在实践中,家族可以通过控股公司、有限合伙企业、家族信托、家族基金会和家族办公室等各类结构性工具持有各类资产,并与家族治理机制相配合,决定家族人才进入家族事业的选拔机制、晋升路径和股权持有形式等实际内容。各类工具的使用要根据家族的个性化需求,而具体搭建与实现顶层结构则主要依托于第三方专业机构的服务与支持。

家族蓝图、顶层结构与专业工具三者自上而下,相辅相成:由梳理家族蓝图凝聚而成的一整套完善的家族治理机制,从基因上决定了家族的发展动力源泉;顶层结构作为家族系统及事业系统的承载平台,从机制上保证了家族核心资源的正向循环与流动;专业工具则根据各家族的不同阶段和具体需求,从法律上为家族蓝图和顶层结构的实现落地提供了一组最优解决方案,并为家族未来的长远健康发展留足空间。

第一节　中国家族的文化与功能

在历史变迁中，"家"的内涵是不同的。在原始社会它是指群体家庭，以许多男女群婚和共居状态出现，在较早历史时期有以母系为主的原始家族存在，但在后来发展中家族状态以父系父权为主，具体婚姻状况可以是一夫一妻或一夫多妻制共存的形式。在长期传统社会里，中国家庭主要以聚族而居的家族形态存在，直到现代社会，单个家庭才开始脱离家族而独立存在。但是对于高净值家庭来说，家族意识的恢复和确立使其能够更好地利用财富，支撑更全面的家族事务与家族福利，同时获取更多家族人力资本的支持，这意味着家族开始重新承担起一些特定的角色和功能。本节希望通过对"家"的起源的简单梳理，得出"家"的一些基本特性，以及家庭与家族的不同。

一、"家"字的起源与释义

英语中的"family"一词，源自拉丁语familia，本义是居住在一所建筑物里的人们的共同体，而汉语中的家庭和家族都可以翻译成"family"。汉语中家庭的"庭"，本义就是庭院、院落。

许慎在《说文解字》中对"家"的解释是，"家，居也。从宀，豭，省声"，又云"宀，交覆深屋也，象形"。从中我们可以看出许慎认为"家"字本是一个形声字，"宀"是一座人字架屋顶的房屋，内置一"豭"为其声符，而"豭"意为猪。这从一定程度上反映了家是在人类有一定的居所、饲养动物之后才产生的概念，从物质共同体的角度定义了共有居所与食物财产的一群人。

不过，清代学者吴大澂在其《说文古籀补》中认为"家"字本义乃古人"陈豕于屋下而祭"，也就是说，"家"是古人祭祀祖先的场所，而祭祀天然包含了同一祖先的所有血脉与后代。因此在汉语的语境下，"家"这样一个简单的字同时包含了人们同居共产的地方，也逐渐成为祭祀祖先的场所，包含了拥有共同祖先和血缘关系的亲族组织。人们步入定居农耕阶段后，牲畜的饲养既是中国定居农业经济结构中的重要一环，也是家庭内部分工合作的最好体现：家庭中的弱势群体可以从事饲养牲畜这种不那么辛苦的工作，而牲畜的粪便是当时农耕最好的肥料。牲畜本身也承担着祭祀牺牲的重要角色，既代表了先民对物质生活的朴素追求，又寄托了人们祖先崇拜的精神归宿。"家"由此成为人们生产和活动的基本场所，也构成了社会经济的基本单位，更因此形成了中国一系列的社会规范。

社会进步的过程中涌现出各种社会组织，"家"的含义不再局限于人们生活和祭祀的场所这一范畴，而是逐渐具备了很多区别于其他社会组织的特性。就一般性特征来说，"家庭"是以特定的婚姻形态为纽带结合起来的社会组织形式。当代语境下，以一夫一妻制的个体婚姻为纽带的个体家庭，是社会最基本的细胞，是人们最基础的婚姻、经济和社会生活单位。[①]家庭的具体形态各有不同，但相较于其他社会组织、社会团体，我们认为家庭具有以下三个本质特征。

首先，家庭的基础是婚姻关系或夫妻关系，既包括以生理结合为自然基础的社会结合，亦包括被社会道德和法律认可并赋予一定的权利义务关系的社会结合。其次，从姻缘和亲缘出发，血缘亲属关系成为家庭的纽带，家庭成员相互间包含着社会责任与义务。中国人非常主张血缘的重要性。最后，家庭是一种人类社会生活的基本组织，由姻缘关系和亲缘关系组织起来的人们集聚在一处，同居共食，经济上互相供养，思想上互相影响，感情上互相交融，形成一个朝夕相伴、甘苦相依的日常生活的共同体。

父母与子女之间、兄弟姊妹之间的血缘关系，是生物学和遗传学意义上的血统自然关系。同时，这些血缘关系又在大量的接触和互动过程中形成复杂持久的社会关系。正如恩格斯指出的："父亲、子女、兄弟、姊妹等称谓，并不是简单的荣誉称号，而是一种负有完全确定的、异常郑重的相互义务的称呼，这种义务的总和便构成这些民族的社会制度的实质部分。"[②]也就是说，家庭所讲的血缘关系不单纯是指存在DNA上的关联，更是一种

---

① 徐扬杰. 中国家族制度史 [M]. 北京：人民出版社，1992.
② 恩格斯. 家庭、私有制和国家的起源 [M]// 中共中央马克思恩格斯列宁斯大林著作编译局. 马克思恩格斯选集（第4卷）. 北京：人民出版社，2012.

基于自然血统关系的社会关系，包含着社会性的责任和义务。卢梭在《社会契约论》中提及，"一切社会之中最古老的而又唯一自然的社会，就是家庭"，因为家庭关系是自然与社会两种关系的纽结。[①] 所有个人都是在各自家庭特殊的氛围下长大的；父母的生物和文化基因与生俱来并不断强化加深，可以说几乎每个人都是在还没有学会选择的时候，就受到了一辈子最重要的影响。

二、家庭与家族

费孝通在《乡土中国》中指出："提到我们的用字，这个'家'字可以说最能伸缩自如了。'家里的'可以指自己的太太一个人，'家门'可以指伯叔侄子一大批，'自家人'可以包罗任何要拉入自己的圈子，表示亲热的人物。自家人的范围是因时因地可伸缩的，大到数不清，真是天下可成一家。"[②] 在中国文化中，"家"范畴的延展性很大，小到"一人吃饱，全家不饿"的个体之家，大到国家，都带有"家"的含义。

我们今天通常说的家庭是指个体家庭，而家族则以家庭为基础，指同一个男性祖先的子孙后代，虽然已经分化成了许多个体家庭，但是还世代保持着紧密联系（如共住在一个村落之中，经营共同的事业，或单纯保持密切的亲缘往来），按照一定的规范，以血缘关系为纽带集合成为一种特殊的社会组织形式。家庭和家

---

① 卢梭．社会契约论 [M]．崇明，译．杭州：浙江大学出版社，2018．
② 费孝通．乡土中国 生育制度 [M]．北京：北京大学出版社，2020．

族的主要区别，在于家庭是同居、共财、合爨的单位，而家族则一般表现为别籍、异财、各爨的许多个体家庭的集合群体。家庭与家族的关系，主要是个体和群体的关系，在以血缘关系为纽带结合而成的社会组织中，家庭是个体，是基础，家族则是群体，是家庭的上一级的组织形式。当家庭经济条件较好或发展前景较好的时候，子女虽然会各自组成家庭，但仍然依靠着原来家庭的事业和资源团结在一起，逐渐形成共同的家族事业。

无论在何种文化背景下，家族都被认为是人类最古老的协作组织，家族内部洋溢着一种与外部激烈竞争格格不入的利他主义情绪。家族作为一种有效的治理结构，无论是否以参加者的利益一致为条件或是否存在一种利他主义情绪，家族内部有机的团结都可看作成员之间的一种长期非正式契约：人们意欲是利己的，但行为却是合作的。典型的范例是在各国经济发展过程中或多或少出现并仍然存在的家族企业，如：东南亚的华人家族企业集团和与之竞争的本地民族财阀；韩国的家族企业；日本历史上出现的"财阀企业"和它们的现代化发展，即日式企业模式如株式会社和企业集团。这种家族企业往往是一个扩大的家庭，承担一定的经济功能，但它的结构和运行方式与家庭无异。

因此，传统中国的大家族，承担了绝大部分的社会功能，包括经济功能，宗教祭祀功能，对家族成员的教育、生育养老等。在当代中国，虽然传统家族的一些功能已经消失或已微乎其微，但是家族成员源自血缘的信任与规范嵌入事业系统，极大降低了家族群体内交往的交易成本，对家族社会资本的高效调集和使用成为家族成员相互帮助、共创事业的独特制度优势。正所谓"家大业大"，高净值家庭的背后往往离不开整个家族的支持，这也正是本书重点介绍的"榕树模型"的现实来源。因此，本书聚焦于以整个家族为单位的家族系统以及家族与事业系统的相互关系，而其简化版本就是以夫妻两人或两代人为核心成员的单个家庭。

三、家庭和家族的基本功能

家庭与家族在中国社会、中国文化中，尤其是在传统中国，处在一个最基础、最根本的地位，影响着中国社会、经济、政治、文化等方方面面。可以说，无家即无国，家是构成社会的基本组织。家庭或家族的功能主要包括经济功能、社会功能和文化功能。

首先，家庭承担了经济功能，即基本的生产与消费功能。家庭在农耕社会中直接承担主要的生产功能，提供人们所需的各种资料；而在工业社会后，大部分生活资料的生产从家庭转向了企业，现代的家庭更多是间接从事生活资料的生产，为企业生产提供最重要的生产要素——人。同样，在农业社会，家庭成员吃、穿、劳作等都在家庭或家族里完成；农业社会后，社会分工逐步细化，但家庭仍是社会消费的主体，其消费能力来自家庭成员的工作、家庭的同居共财制度，其消费需求同样来自家庭及其成员。

其次，家庭和家族承担了介于个人与社会之间的缓冲带的社会功能，家庭成为其成员沟通想法、交流感情的最基本场所，其无可比拟的信任优势也让家庭成为人们最信任、最希望寄托感情的场景。同时，家族作为一种基础性组织，在国家政权与普通百姓个体之间架起了一座桥梁，构成介于国家和人民之间的得天独厚的中继站。[①] 家族通过一系列的活动和仪式维系一个家族的团结和传承，国家和百姓之间的很多信息交流是在祠堂里进行的，其中较多的是一个家族中德高望重的长者将国家的意志以一种更容易让本族人接受的方式传递给族人；作为家族成员的共有财产，家族粮仓能够在出现天灾人祸时帮助族人渡过难关，这在一定程度上缓解了危机时期国家与百姓间的冲突。

在危机与风险中，家族更体现出极大的凝聚力，成为延续社会发展的重要力量。自然形成的稳定性力量的血缘关系与社会性的家族情结合在一起，越发具有稳定性。"家族在一代复一代的人流中起着承上启下的作用；正因为有了家族，时间的流逝才有了连续。假若没有长远的前瞻，构筑市场与种种企业和机构的努力就会失败。子孙是对未来的投资。凡在人们要求实现平等与公正的领域中，一旦无法维持得当的自我复制过程，必定会形成严重的后果。"[②]

最后，家是个人受教育的第一场所，承担了重要的文化功能。家是个人受教育的第一场所，不仅因为家庭教育从时间次序上最

---

① 比尔基埃，等.家庭史 [M].袁树仁，等译.北京：生活·读书·新知三联书店，1998.
② 詹姆斯.家族企业 [M].暴永宁，译.北京：生活·读书·新知三联书店，2008.

早发生，而且家庭氛围的影响也无所不在且非常持久。家庭或家族除了对成员提供启蒙知识外，最重要的是，人们的价值观、世界观、职业观、人生观等都是在家庭中形成雏形的。人们在家庭事务、家族活动，以及年长者对其的耳濡目染中形成自己做事、思考的方式，相比学校教育，家庭教育对人的影响是深层次的，决定了成员学习与工作的基本方式。

近年来，"家哲学"的兴起也为我们理解"家"的功能提供了不一样的视角。"家"对中国人来说有天然的亲切感，但同样也有沉重的历史包袱，以致在新文化运动中"家"与"孝"曾经受到过猛烈抨击，直到当代依然未得到充分的审视。

一方面，"家"是每一个人来自何处的源头，是每一个生命赖以存在、安居的庇护所，是人最重要的物理空间，是人精神与心灵得以安顿的最后堡垒。从此出发，家族也是中国人通过生生不息、世代相续来表达生命"不朽"的方式。在中国文化传统中，"世"本身就是时间性的，它不是一个空间性的"世界"，而是一个时间性的"世代"，而"孝"恰恰就是一个铆钉般的结合点，把不同的世代"铆接"起来，将"有限"的个体生存投入"无限"的家族生命之链中，"在世代中存在"成为中国人超越个体生死和无常、追寻生命本义的方式。《中庸》有云："夫孝者，善继人之志，善述人之事者也"，孝作为后代对前代的敬爱与继承，本质上继承的是前人的志向与精神；"践其位，行其礼，奏其乐，敬其所尊，爱其所亲；事死如事生，事亡如事存，孝之至也"，子女既享受了亲代的慈爱付出，同时也继承了其在家族与社会中的责任，让父母的慈爱不再是单向付出，为人生的代际传递带来生生不息的希望。

另一方面，"家"对于培养每一个公民的公共精神也有着重要作用，是个体实现社会化最重要的过程依托。"家"是一个社会、国家的缩影，是一个社会具有自发维持能力与生发能力的最小单位，恰好是一种"私人"与"公共"的混合之地，使人在兼顾"自利"的前提下可以培养一种"利他"的公共精神。有一个以"爱"为中心的"家"，成为人生在世的最初方式，也同样决定了我们理解世界的一种原初方式。这种原初之爱可以帮助我们建立起一种和谐互助、温暖如春的世界，培养起与世界的"亲切"感，从而弥补现代社会中弥漫的强烈的"失落"和"焦虑"情绪。①

因此，与西方对"家文化"的反思不足、"家哲学"的研究缺失形成鲜明对比，在中国的独特发展环境和文化背景之下，从"毁家"到"回家"的研究视角转换和对"孝"更深入的现代理解，有助于我们更理性又更饱含深情地面对家的重要意义与其基本功能，无论是帮助家族实现家族事业、家族精神文化和家族财富的可持续代际传承，还是理解家族存在于社会、延续于时间的动机与意义，培养与完善个体公共精神，都将具有积极的推动作用。

---

① 孙向晨. 何以"归—家"——一种哲学的视角 [J]. 哲学动态，2021（3）：40-47.

第二节　华人家族榕树模型

慎终追远，只有通晓在中国文化背景下为什么人们具有如此强烈的家族观念，其中饱含责任、希望与生生不息的力量，才能明了家族为何而存在，以及因何而代代繁荣昌盛，也因此理解中国家庭对于"富不过三代"传承魔咒的恐惧和防范。

每个家族都有自己的独特之处，不同的家族也可能处于不同的发展阶段，但在共同的历史长河和文化浸染中，华人家族往往具备极强的开拓、创业精神，抱团取暖，在差序格局下重视充分培养、发挥家族人力资本的优势，在复杂多变的环境中展现出非凡的韧性与生命力，恰如以我国南方较为常见的，以"独木成林"著称于世的榕树：以家族为根，治理为干，事业为冠；枝条又能够从树枝反向延伸到地上，落地生根，最终叶繁枝茂。虽然我们的论述主要是中国的家族，但是由于中国文化的影响不局限于中华人民共和国，可以说只要有华人的地方都会有中国人的家庭和家族，因此我们在本节的理论讨论中用华人家族来泛指这些家庭或家族，尤其是考虑到很多高净值客户有移民现象或者家族成员有跨国婚姻现象；本书讨论的家族案例也包括部分来自东南亚的华人家族，因此我们统一用"华人家族"这个概念。

本书希望从健康观、系统观和成长观的视角入手，将华人家族治理与传承类比为榕树，重点关注家族整体这棵大树在成长过程中根系发达、主干苗壮、枝叶茂盛的因果顺序，共同探讨如何实现家族整体持续而稳定的基业长青（见图1-1）。

图1-1 家族及其事业系统：榕树模型

需要注意的是，榕树模型是一个理想模型，代表了华人家族及其事业健康发展的理想状态，虽然改革开放以来中国的创富家庭多以独生子女的核心家庭形式出现，但随着生育政策的放松、家族意识的觉醒，榕树式的家族模型仍然代表了家族在挑战与机遇中顽强生存、茁壮发展的必备要素，以及家族与周围环境逐渐适应融合，最终形成国家经济发展中健康力量的发展逻辑。

一、以树喻"家"

家族的形态各有不同，我们之所以将华人家族比喻为榕树，主要缘于榕树极强的环境适应能力与生存韧性，恰如华人家族在事业开拓中的普遍的创业精神与风雨同舟的家族韧性。榕树的枝丫上有许多皮孔，喜爱潮湿的榕树通过皮孔生出了气生根，它们一开始如胡须般垂在空气中，充分吸收空气中的水分，随着气生根落地扎根、逐渐粗壮，既能和主根一样为榕树吸取更多土壤中的养分，又能对庞大的树冠起到支撑作用。榕树是被大家广泛认可的，能够形成独木成林的壮观景象的树种，榕树的外观与成长正如华人家族在事业开拓、家族发展过程中，积极主动应对外部风险、不断与环境融为独特生态，重视家族精神文化的传承和家族力量的培育及发挥，逐渐成为全球经济发展中一支独特的重要力量。

榕树模型包含了空间维度下家族及其事业系统的整体规模及其稳定性（即树冠的大小，代表治理问题），以及时间维度下家族及其事业系统不断发展壮大、代际交替、落叶归根反哺家族的成长性和能量流动（即树龄的长短，代表传承问题）。

家族系统作为榕树模型的根系，是家族企业得以生生不息的根本支撑，家族系统包含了家族历史与遗产、家族文化和家风、使命和价值观、家庭关系、家族社会资本等以家族成员为核心的无形财富，家族成员拥有共同的目标，并通过家族委员会梳理整合。在家族系统中，与时俱进的家族文化和源远流长的家族遗产（家族社会资本）是支撑整个家族及其事业系统的核心养分，也是家族及其事业系统传承中无形却至关重要的首要内容，每一个家族都需要通过充分的沟通和探讨，通过合理的家族治理体系，梳理家族自身的精神文化遗产，与时俱进地发展和完善每一代的家族精神、文化、使命和愿景，凝聚家族中每一位成员的共识。家族委员会是家族治理的核心机制，家族委员会成员由家族成员推选产生，负责制定家族章程以贯彻和传承家族价值观，拥有培养家族后代、选拔经营人才、分配家族财富的核心功能。

事业系统是整个榕树模型的有形成果，是榕树的花果与叶，并不局限于家族创业起家的家族企业本身，同时包含代际发展中后代逐渐衍生出的投资、跨代创业、科学艺术类专业事业等，以及财富管理、慈善事业、高品质的生活等家族财富的一系列成果。后文将家族所控制的企业或其他事业（可能是一个家族企业，也可能是一系列企业集团、企业投资、金融投资等）统称为"事业系统"。

领导力子系统和财富子系统是直接支撑整个事业系统的核心

资源，其作为榕树模型的树枝，开枝散叶。家族及其事业的发展源于人才及家族无形资产，同样，家族事业的发展壮大离不开人才的持续培养与各类有形、无形财富的流动和高效配置。领导力子系统具体包括家族人才教育和治理／管理团队培养等，财富子系统包含股权（是家族企业的核心资产）、现金、创业资本与可投资资产等。在榕树模型中，领导力子系统和财富子系统可以源源不断为事业系统输送养分，更有可能长出气生根（尤其是家族教育和跨代创业），直达地面与树根（家族系统）成为一体，共同赋能整个事业系统。

治理结构是家族成长发展过程中的树干，底部连接家族根系，顶端延伸至事业系统，有效支撑了家族治理、企业治理和家族财富管理，也从制度层面实现了家族系统与事业系统在家族财富和领导团队之间的分离和风险隔离。围绕治理结构的落地性专业工具有控股公司、有限合伙企业、家族信托、家族基金会和家族办公室等，并与税务、法务、风险控制等不同专业机构或功能高度相关。

二、健康观、系统观和成长观

本书希望能够通过榕树模型展现出一种看待家族的视角，无论是家族成员还是外部社会，都应该以健康、系统和成长的视角去透视家族的现在与未来。

健康观，指的是同时关注家族成员、家族整体和家族事业（企业）三个方面的健康发展。世界卫生组织对健康的定义是:（个人）健康不只是指没有疾病或免于身体虚弱，而是生理、心智和人际等全方位状态良好。[①] 这是一个非常理想化的定义，尤其是转向家族或企业等组织的健康的时候，在当今百年未有之大变局下，所有组织都需要不断自我调整以适应外部环境的快速变化，健康与否更多体现为组织的韧性与生命力。一个健康的家族需要巧妙平衡家族成员和家族本身的利益冲突，而平衡方案逃不脱家族文化遗产和社会文化传统的影响，当涉及有企业的家族时，家族企业和家族这两个组织之间的利益冲突更加复杂，涉及企业内的家族成员、企业外的家族成员以及企业内非家族成员之间的多重利益冲突。对中国的创富家族来说，传承问题之所以变得更有挑战性，除了子女人数减少、城市化进程使得中国人的家庭观念日益淡化，家族内外的职业经理人队伍还在培养之中等因素，更关键的问题还在于：交给下一代的家族企业是不是能够成为体质健康、走得长远的企业？交给下一代的家族财富是正向支持个体的事业发展、维持家族成员可持续的品质生活，而非"要么后代毁了财富，要么财富毁了后代"的财富吗？家族在关注事业的发展和获利之外，还要维持家族的健康发展以及家族与事业的良性互动，持续探索如何具备稳定的盈利能力和长期的成长性。暂时的财富或发展并不一定意味着家族及其事业是健康的、安全的、具有生命力

---

① World Health Organization. Constitution of the World Health Organization[J]. American Journal of Public Health and the Nation's Health，1946（11）：1315-1323.

的，只有时刻反思自身的健康状况，保持"治未病"的健康意识，才能真正探寻家族健康发展的力量源泉，找到实现家业永续的发展模式。

系统观，指的是以系统性视角看待家族系统、事业系统、治理系统、财富系统以及家族服务生态系统，并关注系统内部个体之间的相互联系、个体与系统的互动影响以及系统之间的连接和相互作用。尤其对于以企业为核心事业的中国家族来说，家族企业在现代化转型与传承进程同时发生，加之外部环境愈加复杂，20世纪80年代起的计划生育政策也极大限制了"子承父业"模式下接班人的选择。我们更应该学会用系统论的观点来审视和分析家族企业及其转型发展过程，只有这样才可以看清问题所在，同时理解这一现代转型必然是一个长期而艰巨的过程。对家族来说，各个子系统必须互相协调和整合，以便整个系统获得更高效率的运行与发展；同时，各个内部子系统和整个家族及其事业系统应该不断增强自身的运行能力，从而能够成功应对环境中日益增加的多样性和复杂性。

成长观，则是榕树模型的根本逻辑，即以树根比喻家族系统，意味其是汲取养分、孕育生命的根本；以枝干比喻治理系统，表示其是参天大树的强有力支撑；以树叶和花果比喻事业系统，象征家族可被观察到的事业与成就；以树枝和导管比喻财富子系统和领导力子系统，遍布家族树的树干成为各系统之间连接流动的通道，并能够向下生根，树干、树根融为一体，反哺家族系统，源源不断为有形事业输送养分。一方面，我们应从生命周期角度将家族与企业（即家族事业系统，包含领导力与财富两个子系统）的治理与传承置于同一个整合框架之下，帮助家族识别其事业系统治理和传承问题的关键要素，选择合适的治理结构来解决家族企业在发展和传承中面临的内外部代理问题，进而实现不同成长阶段治理模式的匹配与优化。另一方面，纵观古今中外有着辉煌历史的家族企业，无一不具备明确而长远的家族和企业发展目标、以人为本的人才培养和激励机制、积极而主动的风险管理能力，数百年的日积月累，才使得这些长寿家族企业卓尔不群、长盛不衰。

榕树模型是高度理想化、抽象化的家族成长逻辑，而每个家族根据共同的规律，都有其个性化的家族目标和价值追求。立足当下，家族该如何梳理自己的过去，规划自己的未来，并一步步坚实地健康发展？本书将始终围绕梳理家族蓝图、设计顶层结构、落地专业工具三个层次及顺序，从家族健康观、系统观与成长观入手，以家族基金会和家族信托为例共同探讨家族企业治理与传承的健康发展与基业长青之道。

第三节 家族顶层结构的设计逻辑

　　家族及其事业的治理与传承是一个全面系统工程，涉及家族治理与企业治理的完善和同步变革，而这期间又涉及不同代际家庭成员的年龄差异与共同成长。通过榕树模型，我们可以看到家族系统是整个家族事业繁荣发展的动力源泉，只有家族规划好自身的家族蓝图，明确全体成员对未来的共同期待，才能进一步因地制宜引入家族和企业治理机制等一系列顶层结构，将理念落实为具体的设计方案，要以中医"治未病"的思想未雨绸缪，提前做好对风险和矛盾的防范和化解。我们强调家族成员要对家族的未来发展方向、核心理念有基本的思考和设想，而不是被动地接受专业机构的方案；专业人士也需要积极地倾听和理解家族成员，要帮助家族形成这些理念，从而双方能够更好地完成从理念到设计的转变。一张蓝图绘到底，家族蓝图是对家族目标、愿景和价值观的描绘，确定了家族的基因，并进而决定了家族及其事业未来面对风险时的能力与韧性。家族蓝图的梳理应以家族成员为核心，自内而外确定家族精神、文化与共同愿景等核心理念，而非由外而内、人云亦云。任何成功的家族治理都有其特殊性和对应环境，对家族来说，可以借鉴经验或教训、听取专业人士的建议，但最终对家族蓝图的梳理绘制一定要从家族自身需求和特质出发，避免标准方案的生搬硬套。

在家族蓝图的基础上，家族系统通过家族委员会之类的沟通枢纽形成有效的家族治理机制（如家族章程），整合兼顾所有活跃和非活跃家族成员偏好，有助于提升家族共识能力、强化身份认同并形成家族性决策，为事业系统输送优秀的经营管理人才和家族财富支撑。而以何种形式参与事业系统（如如何持有企业股份及其他各类资产）则决定了家族及其事业治理与传承的稳定性，二者共同构成了家族治理与传承的顶层结构。

全球范围内，家族已广泛采用控股集团、有限合伙企业、家族信托和家族基金会等形式作为顶层结构的专业工具，以构建稳定的家族所有权结构体系。专业工具有明确法律规定的确定的法人或法律结构，可独立承载家族企业或其他类型事业的所有权、控制权、经营权及收益权，在家族成员与事业之间建立防火墙，可以有效避免家族风险与投资或经营风险的相互影响。如对家族企业来说，创业初期家族成员以自然人身份直接持有企业股权，然而代际传承、家族分化、家族成员婚姻破裂等产生的股权分割可能导致家族企业控制权旁落，而企业经营风险也可能会波及家族成员和家族整体财富。相反，家族将企业所有权转移至专业工具则能有效规避家族风险对企业的影响和企业风险对家族的影响，家族成员无法随意变卖或减持企业股权，家族企业外的资产也不会因为企业破产而被冻结。

因此，家族企业治理与传承的顶层结构实际上形成了"家族治理—专业工具—企业治理"和"家族治理—专业工具—财富管理"两条主线，实现了从理念到设计的基本逻辑。

"家族治理—专业工具—企业治理"的顶层结构分离了家族成员和企业，使得家族成员无法直接干预企业经营，其婚姻、破产等个体风险将不会影响到企业的正常发展；同时家族企业经营团队由家族委员会等家族治理中枢培养、选拔和指派，保证了家族企业服从家族委员会的战略规划，因而家族长期投资资本不会因家族成员的冲突或对个人目标的追求而减弱。家族整体作为实际控制人仍然可以参与企业经营、投资等财富管理行为，同时享有财富的回报和收益，经由家族委员会再次分配，有效规避了在代际传承中股权分割可能引发的所有权分散、控制权削弱等问题。另外，通过对家族事业系统内企业间的股权关系作梳理和统一调整，可优化集团的治理，提高协同效应，同时有助于隔离不同板块企业与企业之间的风险，为未来企业的顺利传承及长远发展提供制度准备和保障。

"家族治理—专业工具—财富管理"的顶层结构分离了家族成员和财富，负责从整体管理家族财富，提供企业增长资本和家族股东的流动性补充。在家族创富发展和代际传承的过程中，财富积累在何处至关重要。当企业向所有者分配利润时，累进的所得税在任何一个国家都无法避免。然而庞大家族企业体系下的个人，对财富本身的需求并不大，在保证家族成员拥有相对优越生活的情况下，家族成员教育、健康等合理开支和各类投资、企业扩张的资本需求完全可以通过专业工具实现公对公的财富转移和资金支出，并有效隔离家族与企业之间的各类风险。在这样的顶层结构下，家族成员对家族财富不再具有直接支配权，避免因后代大肆挥霍、企业经营失败以及外部环境变化而导致家族财富流失，也有助于减少家族成员不负责任的利己主义和浪费家族财富的行为，保证家族财富安全传承。

在后面两章中，将重点介绍家族基金会、家族信托这两种专业工具是什么、怎么用，并以国内外知名企业的案例详细介绍它们运用这些专业工具，实现家族治理与传承从理念到设计、从设计到落地的具体过程。

参考文献

[1] 比尔基埃，等 . 家庭史 [M]. 袁树仁，等译 . 北京：生活·读书·新知三联书店，1998.

[2] 恩格斯 . 家庭、私有制和国家的起源 [M]// 中共中央马克思恩格斯列宁斯大林著作编译局 . 马克思恩格斯选集（第 4 卷）. 北京：人民出版社，2012.

[3] 费孝通 . 乡土中国 生育制度 [M]. 北京：北京大学出版社，2020.

[4] 建信信托，胡润研究院 .2021 中国家族财富可持续发展报告 [R]. 2021：32.

[5] 卢梭 . 社会契约论 [M]. 崇明，译 . 杭州：浙江大学出版社，2018.

[6] 孙向晨 . 何以"归—家"——一种哲学的视角 [J]. 哲学动态，2021（3）：40-47.

[7] 徐扬杰 . 中国家族制度史 [M]. 北京：人民出版社，1992.

[8] 詹姆斯 . 家族企业 [M]. 暴永宁，译 . 北京：生活·读书·新知三联书店，2008.

[9]Credit Suisse. Global Wealth Report 2022[R/OL].（2022-09-01）[2022-09-22].https://www.credit-suisse.com/about-us/en/reports-research/global-wealth-report.html.

[10]World Health Organization. Constitution of the World Health Organization[J]. American Journal of Public Health and the Nation's Health，1946（11）：1315-1323.

第二章

家族顶层结构的实践之一：家族基金会

家族基金会，是西方财富家族运用比例最高的家族治理传承顶层结构。要学习家族基金会，首先应了解基金会。基金会产生于罗马法制度下的欧洲大陆，其历史同产生于英国的信托制度一样久远。但基金会的雏形古已有之，在地中海文明、伊斯兰文明和中世纪的欧洲基督教会均有以特定财产设立基金的案例，用于办学、办寺庙以及扶弱济贫等公益目的或者纪念某人某事等私人非营利性目的。基金和基金会的概念在中世纪晚期从欧洲大陆的法国传入英国。20世纪初被史学家称为"公益事业革命"的现代基金会运动诞生了，在英美和欧洲多个资本主义国家，以单一个人或家庭的财产捐赠为基础而建立的慈善组织开始涌现，例如美国的洛克菲勒基金会、福特基金会，直到当代仍然是家族基金会的范例。进入21世纪之后，比尔·盖茨夫妇和沃伦·巴菲特在2010年发起"捐赠誓言"活动（The Giving Pledge），号召全球亿万富翁将个人财富的半数以上捐赠给慈善事业，在全世界引发了对家族基金会的高度关注和普遍实践。中国第一家现代意义上的家族基金会，是2004年由牛根生创立的内蒙古老牛慈善基金会，顺带一提，牛根生也是"捐赠誓言"的参与者。

第一节　家族基金会的基本概念

本节将立足全球视野，从基金会的定义和分类入手，对家族基金会的定义和特征、主要形态、功能和价值以及其作为顶层结构的优势进行介绍，同时对不同法系下家族基金会的法律制度进行概述。

一、基金会的定义和分类

基金会（foundation），一般是可以长期存在的独立法律实体，创立的目的包括为自身利益（自益）、为他人利益（他益，例如家族成员）、为公众利益（公益）和混合目的。曾任美国基金会中心主席的弗兰克·埃默森·安德鲁斯在 1956 年出版的《慈善基金会》一书中对慈善基金会做了这样的定义："慈善基金会是一种非政府、非营利的组织，拥有自己的资本金，由自己的受托管人或理事负责管理，其设立目的是维护或资助那些服务于公共福利的社会、教育、慈善、宗教活动，或其他类似的活动。"

中世纪时期，基金会诞生于大陆法系国家，最初用于慈善目的。19 世纪末，随着工业革命的推进，社会财富大量积累，基金会更多地被用于工业和私人目的，私人基金会由此产生。1926年列支敦士登的《人与公司法》，首次将基金会分为以慈善为目的的公共基金会和以私人利益为目的的私人基金会，这种分类方式为其他大陆法系国家所借鉴。在英美法系国家，因为其发达的信托制度，基金会的发展存在一定的局限性。例如英国是信托制度的诞生地，家族财富的管理均采用信托制度设计，基金会只能用于慈善目的，受到国内《慈善法》的监管。2000年以后，巴哈马、泽西岛、根西岛等离岸国家和地区开始引进私人基金会制度，并进行了新的变革和立法，其基金会制度更加灵活，逐渐演变发展为可以与信托制度相媲美的家族治理传承的顶层结构。因此，大陆法系下的传统基金会被称为"一代基金会"，离岸地的私人基金会被称为"二代基金会"。

根据目的不同，基金会可分为公共利益基金会（或公益基金会）和私人利益基金会（或私益基金会）；根据财产来源不同，可分为个人基金会、企业基金会、家族基金会、公募基金会、非公募基金会、政府基金会、社区基金会、大学基金会等；根据生效和创立时间，可分为创立人生前基金会和遗嘱基金会；根据创立人意愿，可分为自益基金会和他益基金会；根据章程和规则是否可以撤销，可分为可撤销基金会和不可撤销基金会；根据登记地法律，在离岸中心或离岸金融中心创立的基金会因为法律规范的特殊性，被称为离岸基金。另外，基金会与另一个基金会合并、控制数个基金会、设立基金会分会、控制有限公司股权以及参与企业投资和公司股权投资，可形成母基金会和附属基金会。如图 2-1 为国外对基金会的分类。

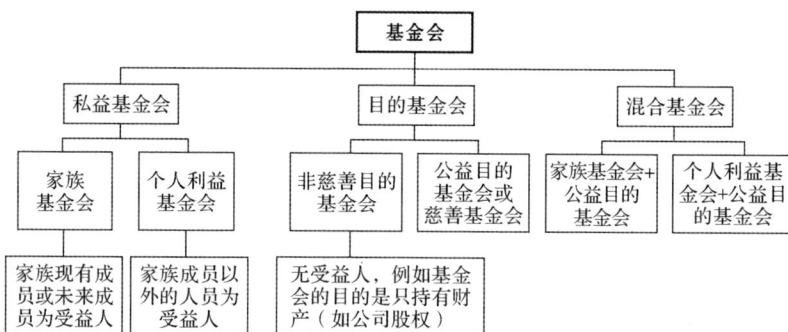

图 2-1　国外对基金会的分类

资料来源：柏高原，高慧云. 家族慈善基金会——家族的，还是社会的？[J]. 家族企业，2018（9）：87.

这里笔者有必要对公益基金会、私益基金会、自益基金会和他益基金会的概念进行解释，以免混淆。如表 2-1 所示，公益基金会的目的是公益，财产捐赠源于公众，包括政府和非政府组织等捐赠人，捐赠人具有不确定性，受益人为不特定的一个或数个多人构成的群体。私益基金会的目的是私益，财产捐赠源于个人、家庭和企业，捐赠人具有确定性，受益人为特定的一个或数个少数人构成的个体。此外，自益基金会是以创立人本人受益为目的而创立的基金会，是为了保护创立人个人财产，为私益基金会。他益基金会是以他人受益为目的创立的基金会，可以为私益基金会，也可以为公益基金会。

表 2-1　公益基金会和私益基金会的区别

区别	公益基金会	私益基金会
资金来源	个人、家族或家族企业、社会其他机构的捐赠	个人、家族或家族企业
设立目的	从事公益事业	财产的保存、管理和投资，经常被用于遗产规划
受益人	必须明确基金会的公益性质，不得规定特定自然人、法人或者其他组织受益的内容	一般情况下，受益人是基金会设立人的亲属或者和设立人有特殊关系的人
公益事业支出	通常每年有最低数额的公益事业支出要求	不需要公益事业支出，或将收益的一小部分用于公益事业
监管	因参与公益事业且部分资金通过面向社会公募而来，故受到政府的严格监管	资金来源于特定主体而且服务于特定的家族成员，除了需向政府登记机构进行注册，一般不受政府监管

资料来源：国旭.家族财富传承密码 [M].北京：中国法制出版社，2021.

　　我国法律意义上的基金会，是指利用自然人、法人或者其他组织捐赠的财产，以从事公益事业为目的，按照国务院《基金会管理条例》的规定成立的非营利法人。非营利法人，是为公益目的或者其他非营利目的而成立，不向出资人、设立人或者会员分配所取得利润的法人，因此我国的基金会具有公益性、非营利性、财产的独立性和信托性等基本特征。我国的基金会分为面向公众募捐的基金会（公募基金会）和不得面向公众募捐的基金会（非公募基金会），公募基金会又分为全国性公募基金会和地方性公募基金会。1981 年 7 月 28 日，中国儿童少年基金会成立，这是新中国成立以来的第一家基金会。

二、家族基金会的概念

（一）定义和特征

家族基金会是社会公众对具有明显家族特质和由某特定家族发起设立，以及由其家族成员主要参与运营的基金会的通俗称谓。由于家族基金会不是法律术语，而是学理上的分类，因此没有确切的定义。美国基金会理事会（Council on Foundations）认为，家族基金会一般是指由单个家族中的成员出资设立，至少有一位家族成员在基金会中担任高层或者担任理事；作为捐赠人，家族成员继续对基金会的运作和管理发挥重要作用的基金会。

现代意义上的家族基金会在 20 世纪初正式出现。当时，工业时代带来了经济繁荣，一大批富可敌国的大企业家开始涌现，他们在实现了巨额财富的积累后，开始思考财富的意义、探索财富的责任。其中的代表人物是约翰·洛克菲勒，其于 1913 年创立了洛克菲勒基金会，这是世界上最早的家族基金会，开创了现代美国基金会模式。建立基金会这一长期散财渠道，成为洛克菲勒家族慈善彻底走向现代慈善最重要的标志。进入 21 世纪，比尔及梅琳达·盖茨基金会等更多著名的家族基金会开始出现，在家族基金会发展的过程中其架构不断完善，形式不断创新。中国的家族基金会在近 15 年发展迅速，根据《中国家族慈善基金会发展报告（2018）》，2005—2018 年，中国家族慈善基金会由不足 40 家发展到 268 家，占全国基金会总量的 4%；捐赠支出由 873 万元增长至 37 亿元，尤其是亿元级大额捐赠增多。从注册规模来看，半数家族慈善基金会以 200 万元资金注册成立，北京、江苏、上海是注册资金总额最高的三个省市；从地域分布来看，东南沿海家族慈善基金会最多，中等发达省份家族慈善基金会数量偏少，数量排名前三的省市分别是广东（52 家）、北京（41 家）和福建（34 家）。

虽然家族基金会的定义没有统一界定，但大多数家族基金会具有如下特征：①创始人是个人，而不是企业；②名称包含创始人的姓氏；③设有理事会，多数成员是家族成员；④设有捐赠委员会，多数成员是家族成员；⑤理事会的任命由家族成员决定；⑥随着时间推移，理事会容纳多代家族成员或扩展的家族成员；⑦至少一名家族成员承担基金会管理工作；⑧基金会的目标反映家族价值观。

当基金会由家族第一代控制时，我们很容易辨认家族基金会，但当基金会进入第二代或第三代控制时，其性质就变得难以识别。家族成员可能在理事会处于少数地位，或者家族成员的姓氏和基金会的名称不一致。事实上，只有家族的自我认知才能决定基金会的性质，尽管这种认定是主观的。在实践中，我们经常从基金会的名称、发起人、资金来源、运作管理等方面是否具备家族性来进行判断。

案例2-1　瑞典瓦伦堡家族基金会

从1846年家族始祖安德·瓦伦堡投身航运业算起，瑞典瓦伦堡家族（Wallenberg）的财富故事已延续超过百年。瓦伦堡家族信守一句箴言："存在，但不可见。"因此，这一家族在中国鲜为人知，但其旗下众多跨国公司包括ABB、阿斯利康、伊莱克斯、爱立信、SAAB、瑞典北欧斯安银行都大名鼎鼎。瓦伦堡家族通过家族基金会采取双层股票结构持股家族控股公司Investor AB，进而使用金字塔形公司架构控制众多跨国企业和业务板块，有效分散了风险，隔离了负债。

由于Investor AB是上市公司，瓦伦堡家族把公司股票分为A、B股，其中A类股票的股东每股享有一票投票权，B类股票的股东每股只享有1/10票的投票权。该家族通过瓦伦堡家族基金会和SEB基金会，以不到25%的股份获得了超过50%的投票权，牢牢保持对Investor AB的控制权。

瓦伦堡家族基金会运作的核心是将股权继承权与财产继承权相分离，每位家族继承人都可以通过股权分红、家族成员之间以股权转让收入来获得生活保障，但只有那些有经营能力的继承人才能保留股权份额，并负责家族企业的经营，其他人无权插手。

（二）主要形态

家族基金，是指资金主要来源于同一家族多个成员的基金，主要用于实现家族产业的多元化，分散家族企业的经营风险，实现家族企业的转型升级，增强家族向心力，加强家族联系交流，实现家族基业长青和有效传承。它是家族基金会的主要形态，家族基金会通过家族基金来服务家族的特定目的。需要指出的是，此处的家族基金和家族基金会都需要做广义的理解。

广义的家族基金，按照目的可分为家族治理基金、家族保障基金、家族教育基金、家族产业基金、家族慈善基金和家族股权回购基金等；狭义的家族基金，仅指家族产业基金。从形式上看，不管是以基金会形式、信托形式、离岸公司形式，还是以单一户头或银行账户形式存在，都可以统称为家族基金。不同的家族基金，需要有不同的组织形式。

就家族基金的运作而言，可由家族理事会决定设立家族基金委员会，制定家族基金委员会章程，确定资金来源与人员组成。家族基金主要来源于家族财富的投资增值或者家族企业的分红，家族基金会的成员一般由家族成员、家族企业人员以及外部专业人士组成。家族基金会可以根据基金的类型，制定家族其他机构以及家族成员的申请条件与程序，进行持续的监督与考核。按照我国基金会法律规定，家族基金设立的理事会是法定的决策机构，一般基金会不设董事会。但从全球来看，基金会是一个泛化概念，也可能是慈善信托，如后文介绍的鲁冠球三农扶志基金出现了董事会。考虑到有些家族内部会同时有理事会和董事会两者并存的情况，这通常出现在"家族基金会 + 家族企业"状态，理事会负责家族基金会的决策，董事会（职业经理人占多数）负责家族企业的决策。因此本书把家族基金会的决策机构称为理事会，而把家族企业的决策机构称为董事会。德国大型家族企业往往会采取双层治理模式，基本原理和理事会—董事会并存类似。

（三）功能和价值

自基金会制度产生，它一直在公益和私益两个方面发挥重要作用，主要包括：公益和慈善；年金管理；保护缺乏财产管理能力的禁治产者，如有酗酒、吸毒、赌博和奢侈品过度消费等恶习的人；保证家族企业延续或者传承；确保家人生活开支；替代遗嘱；替代婚姻财产契约；控股及控制其他利益；收取利益；风险控制；替代信托；等等。

关于基金会的定位，乔尔·L. 弗雷施曼在《基金会——美国的秘密》中这样描述："第一种角色是推动者，当某种特定的社会、经济、文化目标清晰可见以及某种战略有发展潜力时，基金会可能会充当推动者的角色。在这种情况下，基金会会亲自设计、运作和主导相关项目，并向能够执行基金会战略的组织提供资金支持。第二种角色是合作者。基金会以分权的方式形成战略并和其他合作组织一同做出重大决策，同时也会资助这些合作组织和其他执行基金会战略的组织。第三种角色是催化剂。基金会可能会不计回报地帮助一些组织去解决因战略不可行、不匹配或不成熟导致的问题。"

由于兼具"家族性"和"社会性"，家族基金会的功能和价值主要体现在以下方面。

1. 商业价值

家族基金会的商业价值主要包括：通过家族基金会持股，以集中家族企业的股权；通过捐赠协议、基金会章程或家族企业章程的设计，约束家族基金会，使家族企业能够坚持家族所确立的经营战略，不受制于外部因素，甚至可免于家族企业被并购的风险；推进家族慈善治理的专业化与理性化；实现家族慈善财产的保值增值。

一般家族传承会出现两种情况，即家族内部权力移交和职业经理人权力移交。为了避免家族成员之间及与职业经理人之间可能发生的权力纷争，可以创立家族基金会，以独立法人身份成为家族企业全部或大部分股权的控制人以及商标、专利及品牌所有权人，安排家族成员及后代作为受益人，职业经理人也可以成为受益人。如章程和规则无约定，受益人不得主张基金会财产，其权利仅为按照约定分享基金会财产的收益和孳息。任何家族成员可以成为基金会管理人或保护人，参与基金会管理并履行监督义务。

以德国博世集团为例，博世集团 92% 的股权在家族基金会名下，仅 1% 的股权在罗伯特·博世工业信托公司的手中，用来度量企业经营的表决权。家族基金会持有的家族企业股权则无任何表决权，工业信托公司拥有 93% 的表决权，同时博世家族还持有博世集团 7% 左右的股权和表决权。在这样的架构下，家族基金会持有的股权被并购的商业风险极大降低，而且即使并购方取得了这部分股权，也无法对企业进行管控。

2. 传承价值

家族基金会的传承价值主要包括：促进家族价值观的形成与传承；增进家族凝聚力，维系家族成员感情；有利于培养家族后代；提高家族及家族企业的美誉度和影响力，树立典范。

近年来成立的家族基金会中，不少创始人拥有聚财和散财的双重智慧。第一个阶段，财富家族更关注如何建立散财之道。第二个阶段，财富家族在经历二代之后，会更加关注财富的意义，从更高层面思考财富的归宿，研究财富和慈善的意义和价值，他们实现慈善的方式和路径更加多元，对社会问题的认识和解析也不断深入。第三个阶段，财富家族需要思考如何通过家族基金会，将财富传承和精神传承深度结合。家族基金会更青睐创新性的项目，以探索慈善资金的高效利用。

华亨集团是非洲数一数二的华人家族，为纪念 2003 年去世的父亲陈一心，陈禹嘉于同年成立了陈一心家族基金会。他认为，家族基金会是把家族价值观传给下一代的最有力方法，它将会成为家族后代与祖父、曾祖父联结的媒介，能够让家族的第四代、第五代成员共享一个家族故事，一个家族如何创业并持续的传奇。同样，家族基金会将是家族能量凝聚的焦点，帮助家族成员就未来商业发展和慈善达成共识。

3. 社会价值

家族基金会的社会价值主要包括：表达家族的理念和兴趣，发挥家族成员的天赋和才能，承载家族战略慈善事业，增强家族的社会责任感，促进社会的和谐与创新。

比尔·盖茨夫妇认为所有生命价值平等，于是共同创立了比尔及梅琳达·盖茨基金会，希望能消除不平等现象。深圳国际公益学院 2017 年《中国亿元捐赠与战略慈善发展报告》提到，对全球 100 个最大慈善家族的研究结果显示，成立一个或多个家族基金会或类似机构的比例超过 90%，说明家族基金会是实施战略慈善事业的首选方式。美国沃尔顿家族基金会的三大目标包括教育改革、改善环境和振兴阿肯色州。该基金会不断努力为学生与家庭增加受教育机会，赋予其选择权；重点支持了两个重要环境保护项目，通过可持续发展的渔业恢复海洋环境，以及保持河流和淡水质量和可用性；还致力于对提高阿肯色州和密西西比河三角洲地区居民生活质量的方案和措施进行资助。

案例 2-2　欧洲罗斯柴尔德家族基金会的风险慈善模式

"财富的先知""金融界的拿破仑""欧洲至高无上的元首""世界之王"……这是 19 世纪的欧洲作家和观察家描述罗斯柴尔德（Rothschild）家族的用词。直到今天，罗斯柴尔德家族的第八代传人仍然在金融、矿产、酿酒、艺术品收藏、公益和慈善等众多领域，在欧美乃至世界范围内保持着强大的影响力。

为了将家族长期传承的财富转化为单一的管理体系，并从传统的捐赠向战略慈善转变，罗斯柴尔德家族的一支——本杰明·德·罗斯柴尔德和阿里亚娜·德·罗斯柴尔德在 2005 年成立了埃德蒙·德·罗斯柴尔德基金会（Edmond de Rothschild Foundation），并任命牛津大学毕业的投资银行家费罗兹·拉达克担任基金会的首席执行官，旨在通过风险慈善模式来强化家族的慈善使命，构建治理结构。

所谓风险慈善模式，就是借鉴风险投资的方式运作家族慈善基金会，将基金会的捐赠视为一种"投资"，要求它产生最大的效益，不仅是经济社会效益，更有重要的战略意义。基金会既向捐赠对象提供财务资助，还提供管理和技术支撑；双方不仅是捐赠与接受的关系，更着力形成合作伙伴关系。目前，该基金会已形成由活跃在艺术和文化、卫生和研究、慈善、文化对话和社会创业等领域的 10 个分支基金会共同组成的国际网络，并在世界范围内与非营利组织、政府和公共实体、发展金融机构和其他国际基金会合作的项目中广泛运用风险慈善模式，以支持艺术、健康、创业等领域的发展。

（四）架构优势

在国内，财富家族在进行家族财富安排时，更多地会选择基金会，这是什么原因呢？不仅如此，在国外著名家族传承的信托结构设计中，为什么会把绝大部分股权放在家族基金会里并设计为无投票权，而放入信托的极少量股权却拥有绝大部分投票权呢？答案是：基金会解决的是产权传承的问题，而信托解决的是公司家族治理的问题，是公司控制权的集中体现。

基金会是欧洲国家财富家族和高净值人士经常使用的一个财富管理、资产保护和传承规划的架构，因为在功能上与信托相近，所以也被称为"欧洲版本的信托"或"大陆法系的信托"。由于信托是英美法系的产物，大陆法系国家的民众至今对信托没有充分理解，所以没有足够的信心采用这种架构。

就家族基金会和家族信托两者比较而言，家族基金会的优势在于以下方面。

第一，家族基金会具有独立的法人资格，比家族信托具有更为彻底的独立性，可以更好地避免被关联方的责任和风险波及。

第二，家族基金会可以永续存在，而反永续存在是英国信托法的基本原则，信托存续时间届满后，信托资产要么被分配，要么被放置到另外一个信托中。

第三，家族基金会以发起人为中心，而不是以受托人为中心。发起人按照自己制定的章程进行运作，可以担任基金会理事会的理事，继续对财产进行管理与运作。信托是以受托人为中心的，如果委托人越过受托人，直接对财产进行管理，在英美国家可能被认为是"虚假"信托而被撤销。

第四，家族基金会可以起到控股公司作用，并能优化目的信托架构。在信托架构设计中，股权信托可以借助私人信托公司与持牌信托公司的两次信托关系，实现永续存在的目的，但其信托架构过于复杂，常常不被中国的企业家所理解。

当然，家族基金会也存在一定的局限性，例如包括中国在内的一些国家尚未承认私人基金会，家族基金会在架构设计的灵活性上要逊色于家族信托，因此，"家族基金会+家族信托"的组合架构被广泛应用。

三、家族基金会的法律制度

在西方国家，人们通常所说的家族基金会（family foundation，也可以翻译为家庭基金会）一般是指由一个或多个家族、家族成员或家族企业创设的，与创设家族有显著关联关系（例如在基金会的名称、基金会管理人员的组成方面的关联关系）的私人或独立基金会。家族基金会不是法律概念，各国没有针对家族基金会的专门立法。因此，要理解家族基金会相关的法律监管规则和内部治理制度，必须首先了解该家族基金会所处的法律管辖领域与基金会相关的法律制度。

由于各国的法律制度和社会文化存在巨大差异，各国对于基金会的具体定义和法律要求也差别很大。总体来讲，在各国的立法层面，越来越多的离岸金融中心引入了基金会制度或者专门的基金会法律法规，而原先有基金会制度的国家，也往往在基金会管理方面引入更多的鼓励基金会成立和发展的"基金会友好型"法律机制。例如，1926 年，列支敦士登的《人与公司法》首次将基金会分为以慈善为目的的公共基金会和以私人利益为目的的私人基金会。2015 年 6 月，欧洲基金会中心发布了《基金会法律比较要点：欧洲基金会的运营环境》，在比较研究的 40 个国家中，22 个国家允许设立以私人利益为目的的基金会。在大陆法系国家，允许单独设立私人基金会或者混合基金会已经成为主流。

（一）英美国家

英国、美国等英美法系的主要国家没有对基金会的专门立法，也没有对家族基金会的法律定义。"基金会"在英美国家广泛应用，近百年来形成了精英文化传统和以基金会为标志的财富向善的公益符号。根据美国法律，任何慈善组织甚至其他组织都可将"基金会"用于组织名称当中，这种命名并不代表特定的法律组织形式，也不代表该组织就一定是非营利组织或慈善组织。有些慈善组织由于历史传统的原因并没有冠名为基金会，但实际上就是基金会。基金会的名称并不统一，还有基金或信托基金、捐赠基金、托拉斯、基金公司、捐赠公司等称谓。为我们所熟知的卡内基基金会，准确名称却是"纽约卡内基集团"。美国和加拿大的私益基金会由税法和公司法规范，根据基金会目的判定享受税收豁免资格；英国、爱尔兰和直布罗陀等国家和地区的基金会组织形式是慈善目的担保有限公司。

英国、美国等英美法系国家对非营利性组织的监管主要分为两个层面，一方面是组织的成立和运营，另一方面是组织的免税资格和其他税务优惠资格，家族基金会也不例外。前者较为宽松，依据相关立法注册成立即可，组织形式可以是公司、信托或其他法定形式，具体要看注册地的法律规定。但后者较为严苛，因为一个基金会在法律层面最关心的问题是能否获得免税资格。以美国为例，美国基金会法律的重要特点是以税法为主对基金会行为进行规范。美国既有联邦税也有州税，两者分别对慈善组织认定和免税资格做出规定（大多数情况下两者的规定非常类似）。美国绝大多数慈善组织都是依据《国内税收法典》第 501（c）（3）条的规定向美国国内税务局（IRS）申请获得免税资格。该条规定，私人基金会是专门为宗教、慈善、科学、公共安全测试、文学或教育等目的组织和运营，不为个人谋取利益，享受免税政策的国内或国外组织。在美国，私人基金会为免税资格的象征，包含信托在内的各类组织均可能被认定为税法上的私人基金会，并因此豁免联邦所得税。

美国的私人基金会一般分为三类：私人运营基金会、豁免运营基金会和资助型基金会。私人运营基金会，是将大部分资产用于开展慈善目的活动的基金会。豁免运营基金会，是已被公众支持至少 10 年，管理机构成员中非合格者[①] 比例小于 25%，且主管人不是由非合格者构成，其无须缴纳净投资收入税。资助型基金会，又称私人非运营基金会，指前两类之外的其他基金会。不同类型的私人基金会，适用不同的税收政策。

家族基金会是美国基金会中以家族财富为基础创立的与某个家族有显著关联关系的基金会的俗称，在世界范围影响力很大，如比尔及梅琳达·盖茨基金会在全世界都有运营。与一般的基金会相比，家族基金会最大的特点和优势在于其独立性和灵活性：由于家族基金会由个人或某个或某几个家族创立，其管理和运营较少受到外界的控制或影响，往往带有明显的个人和家族色彩，诸如用于建立某种纪念馆等。家族基金会在组织架构、运营、税务等各方面所面临的法律监管框架和其他类型的基金会没有本质不同，因此只有在满足一定的条件后才能享受公益组织所享受的税务优惠。

（二）德国

德国是典型的大陆法系国家，在法律制度上与英美法系国家存在极大差别。例如，德国法律中就没有出现英美法律中的信托概念，因此人们在德国几乎见不到家族信托。此外，虽然中国与

---

① 非合格者包括：1. 基金会的实际捐赠者，即向私人基金会捐赠超过 5000 美元，且基金会在纳税年度结束前已收到捐赠额的 2% 以上，在信托情况下，委托人为实际捐赠者。2. 拥有以下权益超过 20% 的：（1）法人投票权；（2）合伙中的利益；（3）为基金会实际捐赠者的信托或非法人实体的受益权益；（4）存在（1）（2）所述主体的家庭成员。

德国同属大陆法系国家，但事实上两国的法律制度也存在差异。①

德国法律中的家族基金会是具有权利能力的法人。与一般的公司不同，家族基金会不是一个由成员组成的团体，而是由特定的财产组成的法人。捐助人，也就是设立基金会的人，通常是家族企业的创始人，为了一定目的而捐出财产并设立基金会，而家族基金会的目的是服务于创始人的家庭或后代亲属的利益。

家族基金会主要服务于家族成员的利益，但并不以此为限。根据《涉外税法》（Außensteuergesetz）的规定，家族基金会是捐助人及其近亲属、后代有权获得一半以上优先权（bezugsberechtigt）或者归属权（anfallsberechtigt）的基金会，而所谓的优先权或者归属权主要指的是基金会收益的分配，如股利和分红。此外，家族基金会涵盖的家族依据章程及捐助行为，可以利用基金会财产并从基金会收益中获益。当然，家族基金会的目的可以不限于家庭利益，可以同时服务于公共利益，而这些家族基金会往往可以享有公益财团的各项优惠政策，因此也颇受德国家族企业创始人的欢迎。

德国是一个法治相当健全的国家，规范家族基金会的法律法规众多，包括《民法典》《有限责任公司法》《股份法》《税法通则》《遗产税与赠与税法》等。《民法典》被德国人视为"私法的宪法"，其中的规定包罗万象，当然也涉及家族基金会，例如《民法典》

———————————
① 例如中国法律中的基金会一般对应德国法律中的财团，所以家族基金会在德国往往被冠以"家族财团"（familienstiftung）之名，提请读者注意概念上的差异。

第 80 条规定了基金会设立的条件和过程。此外，《税法通则》《遗产税与赠与税法》等法律法规为家族基金会提供了税收规定，尤其是税收优惠和减免规则。就组织架构来看，德国家族基金会常常与有限责任公司等公司形式发生联系，因此它也会受到《有限责任公司法》《股份法》等法律的约束。

1. 与家族基金会设立有关的法律法规

家族基金会是有权利能力的法人，所以它的独立主体地位不容置疑。根据德国《民法典》第八十条规定，成立有权利能力的基金会只需要满足两个条件：一是捐助行为；二是取得所在州有管辖权的机关的许可。就捐助行为的法律性质而言，它是单方的、需受领的意思表示，必须包含基金会文件和捐助人关于捐赠资产的具有法律约束力的表示，以此表明捐助人在基金会章程中规定的目的。捐助人捐出财产后，财产的所有权会转让给基金会，同时捐助人也会制定基金会章程。

设立阶段的核心是基金会文件，根据法律规定，它至少应该包括名称、住所、目的、财产以及组织。此外，德国各个联邦州的法律有可能对设立基金会提出更多要求。

2. 与家族基金会税收有关的法律法规

税法界流传着一个段子，"全世界一半以上的税法书是用德语写的"。这个数据可能与事实有所出入，但足以说明德国税法的复杂与精细。在德国，与家族基金会税收有关的法律规定数量庞大，因此本书选取了部分读者可能感兴趣的关于家族基金会税收优惠的规定。

根据《税法通则》的规定，公益基金会可以享受税收优惠，例如免税或抵扣，而大部分家族基金会同时是公益基金会。享受税收优惠的家族基金会可以将不超过 1/3 的收益以适当的方式支付给捐助人及其近亲属，所谓的"适当"一般被认为是在不损害公共利益的情况下确保适度资助捐助人及其近亲属。

现实生活中，捐助人对基金会的捐赠基本都是无偿的。由于捐助人并没有因此取得任何对价，尤其是没有取得股权或者其他类似权利，所以他也无需缴纳遗产税或赠与税。但是，家族基金会在取得尚在人世的捐助人的捐赠时有义务缴纳赠与税，在家族基金会基于捐助人的遗嘱或者遗赠取得财产捐助时也有义务缴纳遗产税。此外，捐助人将不动产转让给家族基金会时会被要求缴税，但只要家族基金会是因捐助人的遗嘱或遗赠或者因捐助人的生前赠与行为而取得不动产的，那么就免征不动产取得税。最后，家族基金会免缴企业所得税和营业税，而必须缴纳的增值税税率仅为 7%。

（三）日本

日本法律中未有"家族基金会"这一法律术语和法律概念，最接近的概念是"公益法人"。日本的公益法人一般是指符合日本《民法典》第三十四条的条件成立的社团法人和财团法人，该条件包括：①开展与公共利益有关的业务 [①]；②不以营利为目的 [②]；③获得主管当局的许可 [③]。

日本公益法人类型主要包括一般社团法人和一般财团法人、公益社团法人和公益财团法人、特定非营利活动法人、依据特别法律设立的其他各种公益法人等。规范公益法人的相关法律主要包括《一般社团法人和一般财团法人法》《公益社团法人和公益财团法人的认定法》《整备法》《运作准则》《注意事项》《常见问答》等。

1. 公益法人的优点

（1）公益法人的捐赠财产来源多元化。这一点有别于公益信托。[④]

（2）公益法人活动的目的和手段更加多元化，可以亲自参与公益事业。公益信托只能以捐赠的方式参与公益活动。

（3）公益法人可以同时进行私益活动和公益活动。公益信托只能从事公益活动。

（4）公益法人享有税收优惠。公益信托中的一般公益信托

---

① 是指积极地为不特定多数人的利益开展业务。具体包括：（1）用于联谊、联络、交流意见的校友会、联谊会等；（2）为特定组织的成员或从事特定职业的人提供福利、互助等；（3）对特定个人的精神和经济提供支持，如援助者协会等。

② 是指其目的不是向法人的成员分配利润。

③ 是指拟设立的公益法人需要获得相关事务的主管当局的许可。在日本并不存在类似中国民政部门的统一主管部门，而是根据具体涉及业务的不同，由分管的政府部门进行审批。

④ 根据1922年《日本信托法》的定义，公益信托是为了实现公益目的而设定的信托，是为了追求广泛社会全体的利益或不特定多数人利益而设定的信托，具体而言即学术、技术、慈善、祭祀、宗教或其他公益目的设立的信托。

不享有税收优惠。另外，对于公益法人而言，哪怕是收益事业，其用于公益目的的部分也免税，这部分按照捐赠处理。具体的免税额度为：收益所得部分的50%或者全部用于公益目的的部分免税；并且这两者间以高者计免税额度。

（5）公益法人的设立无需经过批准设立。公益信托里，只有一般公益信托设立无须经过批准，但是其不享有税收优惠政策。

2. 公益法人的缺点

相对于公益信托而言，公益法人可以经营营利事业，所以其受到的限制自然比公益信托更多，这主要表现在支付规则和任职资格上。

（1）公益法人的收支必须相抵。

（2）进行公益目的事业比例不低于50%。

（3）闲置财产保有数额不得超过公益事业费用。

（4）近亲属以及来自同一团体的人担任理事和监事的比例不得超过 1/3。

（5）理事报酬方面：①参考独立行政法人、其余公益机构和民间类似机构的报酬，制定报酬的下限、中间值和上限；②理事报酬的构成部分和支付方式必须通俗易懂。

（6）评议员的报酬也不得过高，不得超过行业平均标准。[①]

（7）在公益性监察方面，主管官宫厅拥有报告征收、现场

---

① 评议员会为日本公益财团法人中的最高权力机关，其负责选任和解除公益财团法人中的理事和监事，同时负责监督理事和监事的职务执行。理事和监事对评议员会负责。

检查、发布要求改正命令以及在收到改正命令后不改正时取消公益认定资格的权力。

（四）中国

我国的基金会，是指利用自然人、法人或者其他组织捐赠的财产，以从事公益事业为目的，按照《基金会管理条例》的规定成立的非营利性法人。我国法律对家族基金会没有明确定义。

我国采取单一的公益基金会制度，私益基金会尚未被承认。表 2-2 为我国家族基金会主要的相关政策法规，目前我国最上位的法律依据是 2004 年 6 月 1 日起施行的国务院《基金会管理条例》。

表 2-2　我国家族基金会主要政策法规

文件名称	发布机构	施行时间
《基金会章程示范文本》	民政部	2004-06-01
《基金会名称管理规定》	民政部	2004-06-21
《关于现职国家工作人员不得兼任基金会负责人有关问题的通知》	民政部	2004-10-28
《关于基金会业务主管单位职能委托有关问题的通知》	民政部	2005-11-04
《基金会信息公布办法》	民政部	2006-01-12
《基金会年度检查办法》	民政部	2006-01-12
《关于非营利组织企业所得税免税收入问题的通知》	财政部、税务总局	2008-01-01

续表

文件名称	发布机构	施行时间
《关于基金会等社会组织不得提供公益捐赠回扣有关问题的通知》	民政部	2009–04–21
《关于企业公益性捐赠股权有关财务问题的通知》	财政部	2009–10–20
《公益事业捐赠票据使用管理暂行办法》	财政部	2011–07–01
《关于加强和完善基金会注册会计师审计制度的通知》	民政部、财政部	2011–12–26
《关于规范基金会行为的若干规定（试行）》	民政部	2012–07–10
《关于进一步加强基金会专项基金管理工作的通知》	民政部	2015–12–24
《关于公益股权捐赠企业所得税政策问题的通知》	财政部、税务总局	2016–01–01
《关于非营利组织免税资格认定管理有关问题的通知》	财政部、税务总局	2018–01–01
《个人所得税法》（2018 年修正）	全国人大	2018–08–31
《企业所得税法》（2018 年修正）	全国人大	2018–12–29
《关于公益慈善事业捐赠个人所得税政策的公告》	财政部、税务总局	2019–01–01
《关于公益性捐赠税前扣除有关事项的公告》	财政部、税务总局、民政部	2020–01–01
《关于公益性捐赠税前扣除资格确认有关衔接事项的公告》	财政部、税务总局、民政部	2020–01–01

在我国设立基金会，应当具备下列条件：①为特定的公益目的而设立；②全国性公募基金会的原始基金不低于 800 万元，地

方性公募基金会的原始基金不低于 400 万元，非公募基金会的原始基金不低于 200 万元；③原始基金必须为到账货币资金；④有规范的名称、章程、组织机构以及与其开展活动相适应的专职工作人员；⑤有固定的住所；⑥能够独立承担民事责任。由于家族基金会的"私人化"属性，我国的家族基金会只能是非公募基金会。

我国法律法规对于家族基金会采取了一定的限制措施，例如：相互间有近亲属关系的理事，总数不得超过理事总人数的 1/3；在基金会领取报酬的理事不得超过理事总人数的 1/3；理事的近亲属不得兼任监事；理事遇有个人利益与基金会利益关联时，不得参与相关事宜的决策；理事、监事及其近亲属不得与其所在的基金会有任何交易行为等。

家族基金会可能是慈善组织，也可能不是慈善组织，但作为慈善组织的家族基金会可以享受到税收优惠政策。根据 2016 年 9 月施行的《慈善组织认定办法》规定，在该办法通过前已经设立的家族基金会，需申请认定为慈善组织；在该办法通过后新设的家族基金会，通常会在设立登记时，同时登记为慈善组织。家族基金会申请认定为慈善组织，应当符合下列条件：申请时具备基金会法人登记条件；以开展慈善活动为宗旨，业务范围符合《慈善法》的规定；申请时的上一年度慈善活动的年度支出和管理费用符合国务院民政部门关于慈善组织的规定；不以营利为目的，收益和营运结余全部用于章程规定的慈善目的；财产及其孳息没有在发起人、捐赠人或者本组织成员中分配；章程中有关于剩余财产转给目的相同或者相近的其他慈善组织的规定；有健全的财务制度和合理的薪酬制度；法律、行政法规规定的其他条件。

为享受税收优惠政策，家族基金会需要获得非营利组织免税资格和公益性捐赠税前扣除资格，申领公益事业捐赠票据。

第二节　家族基金会的架构设计

在进行家族基金会架构设计的时候，我们通常会面临以下四个问题：第一，在家族治理传承的诸种顶层结构中，要选用家族基金会吗？第二，设计时要考虑哪些影响因素？第三，有哪些架构模式可供选择？第四，在中国的法律环境下应注意哪些问题？第一个问题在上一节已做了回答，在本节，我们重点解答后三个问题。

一、家族基金会架构设计的影响因素

（一）组织结构

随着社会经济的发展和制度的完善，无论家族基金会的资产规模是否发生大的变化，家族基金会的结构都会逐渐趋向正式化和层级化。关于组织行为的研究发现，同个领域或行业的组织结构会变得越来越像，这些组织会相互借鉴和模仿组织结构，家族基金会也不例外。一般来说，组织结构更为正式的家族基金会可能拥有更为复杂的结构，而对于拥有非正式结构的家族基金会，其管理层和董事通过观察那些拥有更为正式结构的家族基金会来获得调整组织结构的信息。通过这种方式调整家族基金会的组织结构，被家族基金会视作晋级"高级"基金会的途径。

（二）家族复杂性和家族冲突

家族结构越复杂，家族基金会越倾向于设计复杂的组织结构。对于大型家族来说，需要将大量家族成员纳入家族基金会的运营管理过程中，而不会考虑家族基金会的工作本身需要多少人员，是否能容纳如此多的家族成员在基金会工作。

如果家族对人员安排和组织结构设计有冲突和矛盾，将考虑建立正式清晰的规则来规范家族成员进入和退出家族基金会的过程。这些规则体现在家族基金会越来越具体的规则、程序、工作任务，在遴选和聘任董事时依据绩效而不是家族关系和人际关系。由此，当非正式的家族关系和家族感情无法解决家族冲突时，家族基金会将利用正式化的组织结构来处理家族冲突。家族冲突越大，家族基金会的组织结构就越正式。

（三）财富管理

财富的规模会直接影响组织结构。为了更好地管理家族财富，家族财富规模越大，家族基金会的结构就会越复杂。如果现任理事会（或董事会）继承了复杂的结构或是家族基金会的捐赠种类覆盖面很广，家族基金会就很难在短期内提升管理效率。家族基金会对于评价捐赠目标的实现效果，普遍存在广泛的不确定性。该领域对于捐赠效果的评价标准尚未达成一致，很多家族基金会的理事（或董事）对此感到十分沮丧。如果想要使家族基金会的捐赠质量和其他私人基金会一样具有可比性，需要开发具有广泛适应性的绩效评价标准。

二、家族基金会架构的主要模式

迄今为止，家族基金会在很多国家并未成为法律术语，不同法律体系国家对此的理解和定义也有不同。但随着家族基金会在世界范围内的实践，其形式不断创新，架构不断完善，社会对家族基金会的理解也逐步趋向达成共识。以下是全球范围内家族基金会的主要架构模式，应该指出，此处的基金会组织形式是广义的。

（一）家族持股基金会模式

如图 2-2 中的家族持股基金会模式，家族基金会作为无股东法人持有全部或多数家族企业股权，这些股权不会成为任何家族成员的遗产。从企业的角度看，这个结构避免了继承和遗产税问题，同时保护家族企业免受恶意收购。从家族治理的角度看，基金会为家族提供了额外的管理岗位，家族成员可以在家族中发挥领导作用但不必参与企业具体经营。丹麦嘉士伯基金会是国际上第一个真正意义上的家族持股基金会。

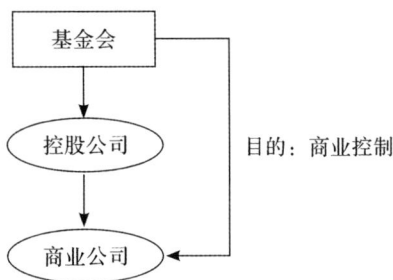

图 2-2　家族持股基金会模式

家族需要制定基于持股家族基金会架构的家族协议，如果没有协议，家族成员特别是潜在继任者将可能会对家族基金会发出挑战。如果家族没有为这个架构做好充分准备，没有家族治理作为支撑，家族基金会并不能发挥应有的作用。例如，瑞士一位持股家族基金会的创始人，不仅没有和他的女儿们达成家族协议，直到临终时还在误导她们，让她们以为要继承企业；同时却告诉企业董事会成员，他的女儿们放弃继承。出于惊讶、失望和对董事会的愤恨，女儿们努力想要废止基金会，不惜破坏父亲毕生的事业。

1889 年，德国物理学家恩斯特·阿贝成立卡尔·蔡司基金会，目前该基金会是肖特股份有限公司和卡尔·蔡司股份有限公司的唯一股东。基金会的目的包括：为持股的肖特股份有限公司和卡尔·蔡司股份有限公司的将来提供保障，实现对基金会旗下企业的管理，支持基金会旗下企业履行企业社会责任。

（二）家族慈善基金会模式

图 2-3 中家族慈善基金会模式的这种架构的优势是家族企业

资产转移给基金会很有可能是免税的，不会被征收遗产税和赠与税。家族慈善基金会在家族中可以发挥相当重要的作用，可以成为家族所有代际成员在一起工作、相互学习、共享价值观和经验的平台。这种共享的慈善活动可以塑造、统一和提升家族价值观。

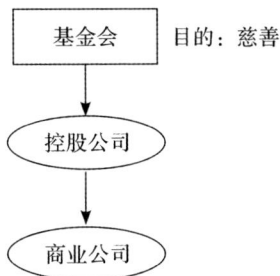

图 2-3　家族慈善基金会模式

以曹德旺创立的河仁慈善基金会为例，曹河仁是曹德旺的父亲。河仁基金会的原始资金为 2000 万元，是曹德旺以个人身份出资。随后，曹德旺将其间接持有的上市公司福耀玻璃共计三亿股份捐赠给河仁基金会。从捐赠主体看，捐赠人是原福耀玻璃的第一大股东三益发展有限公司和第二大股东福建省耀华工业村开发有限公司，两家公司合计占福耀玻璃总股本的 14.98%。这两个捐赠主体是曹德旺家族作为实际控制人的公司，因此仍然符合捐赠资产来源于家族的特点。河仁基金会作为"中国股权第一捐"，载入了中国家族基金会的史册。

（三）家族企业慈善基金会模式

家族企业慈善基金会模式（见图 2-4），是由家族控股公司创立慈善基金会,是家族履行企业社会责任的工具以及家族构建价值观的平台,而没有持股功能的慈善基金会可以成为下一代家族成员学习家族价值观、展现责任感、承担领导角色的早期训练场,有利于实现平稳继任。从家族治理的角度看,这种架构非常有效并且运行良好,因为它提高了年轻一代家族成员的凝聚力和自主权。

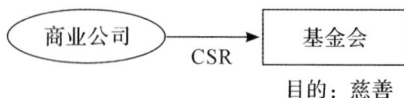

图 2-4　家族企业慈善基金会模式

《中国家族企业公益基金会观察报告》显示,在调查的 130 个家族企业慈善基金会中,70% 的基金会都关注了教育和扶贫两个领域,有 52.6% 的基金会认为自己有意促进慈善项目所在领域的变革,而其他基金会主要是扮演参与、合作的角色。

（四）混合型家族基金会模式

一个家族基金会同时追求持股、慈善和其他家族目标（见图 2-5）,这种架构在瑞士特别普遍,可以部分免税。从家族治理的角度看,将不同目标集中于一个架构会增加利益冲突的风险。典型的情况是,第一代家族成员拥有权威、广受尊敬,但第二代、第三代成员的权威开始削弱,利益诉求不再统一。有的家族成员想要更注重家族企业发展,其他人想要进行慈善活动,还有的家族成员认为家族本身应当分到更大比例的蛋糕。在这种情况下,解决冲突是比较困难的，因为家族基金会难以重组，家族或企业也难以退出基金会。解决方案只能是创立两个独立的家族基金会，而不能在一个家族基金会内实现吗？ 20 世纪 50 年代，瑞士有很多知名的财富家族设立了混合型家族基金会，设计了更灵活的基金会架构。例如，家族基金会可以为利益方或想要追求自己道路的家族成员提供公平退出的机制，还可以提前建立冲突解决机制。

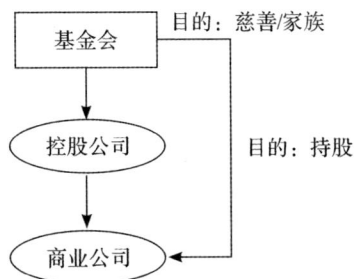

图 2-5 混合型家族基金会模式

以丹麦嘉士伯基金会为例。1847 年，J.C. 雅各布森开办嘉士伯啤酒厂，1876 年创立了嘉士伯基金会。基金会持有嘉士伯集团 30.3% 可转换股份和 75% 的投票权，主要目标是：拥有嘉士伯集团的控股权，确保对家族企业战略的决定性影响；通过捐赠社会公益项目，支持基础科学研究。1902 年，J.C. 雅各布森之子卡尔·雅各布森设立了新嘉士伯基金会，旨在促进艺术发展。两个基金会相互独立，但嘉士伯基金会的章程约定，必须将从嘉士伯集团获得的收益分一部分给新嘉士伯基金会。1914 年，卡尔去世后，嘉士伯集团便由嘉士伯基金会的董事会监管，创始家族不再参与其中。

（五）多家族基金会 / 家族基金会集群模式

在这种模式下，通常由不同的基金会持有相应业务板块家族企业的股权，或者分别持有家族有形资产和无形资产（如品牌、商标、专利、商业秘密等）；另外，也存在不同代际的家族成员组建不同的家族基金会的情况。美国的洛克菲勒家族，先后成立了 10 多个家族基金会，其中以第一代成员的洛克菲勒基金会（1913 年）、第三代成员的洛克菲勒兄弟基金会（1940 年）和第三、四代成员的洛克菲勒家族基金会（1967 年）最为知名。牛根生及其子女牛犇、牛琼分别创立了老牛基金会和老牛兄妹基金会，可谓洛克菲勒家族基金会模式在中国的翻版。

以瑞典坎普拉德家族基金会为例。宜家集团是目前全球最大的家居产品零售商，由英格瓦·坎普拉德于 1943 年创办。坎普拉德于 1982 年在荷兰设立斯帝廷·英格拉基金会（Stiching INGKA Foundation），该基金会的目标是"促进和支持建筑和室内设计创新"，同年坎普拉德将其本人持有的宜家集团股权捐献给英格拉基金会，英格拉基金会通过英格拉控股公司间接持股宜家集团，控制了数百家零售店。英格拉基金会包含两个部分，一是慈善机构斯帝廷·宜家基金会，二是资产管理机构斯帝廷 IMAS 基金会。1989 年，坎普拉德在列支敦士登设立英特罗格基金会（Interogo Foundation），并通过层层控股公司安排，最终控制英特宜家系统公司，该公司拥有宜家的特许经营权和商标。全球的宜家商店、仓库每年要向英特宜家系统公司支付总营业额3%的特许使用费。坎普拉德构造的多基金会模式造就了家族企业独特的所有权结构，既成功分散了集团内部各机构的权利，又避免了后代对继承权的争夺；宜家集团的有形资产和无形资产相分离，由不同的基金会来持有，实现了盈利不外流和合理节税的目的。基于基金会的非营利性和慈善属性，宜家适用的税率不是行业通用的18%，而是3.5%，每年可以节省数十亿美元。

（六）家族持股基金会 + 家族慈善基金会模式

如果家族既想要免税转移资产，又想保持对家族企业的控制，可以考虑双基金会架构（见图2-6）。在这个架构中，家族企业有两个股东——家族持股基金会和家族慈善基金会，后者以免税捐赠的方式持有大部分企业股份。投票权在两个股东之间是反股权比例分配的，类似科技创业公司的 AB 股，一般家族慈善基金会持有 99% 的股权，但只有 1% 的投票权；家族持股基金会持有 1% 的股权，却拥有 99% 的投票权。家族通过投票权控制企业，负责家族持股基金会的家族成员可以控制流向家族慈善基金会的分红。这种架构是存在争议的，但近年来争议逐渐平息，一些知名家族企业采用了该架构，特别是德国的一些家族企业。

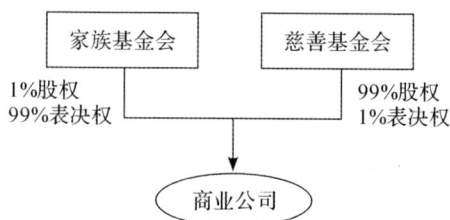

图 2-6　家族持股基金会 + 家族慈善基金会模式

（七）家族慈善基金会 + 家族慈善信托模式

首先，在我国家族基金会的法律制度下对这个架构的实用性进行说明。《基金会管理条例》第二十九条规定，非公募基金会每年从事章程规定的公益事业支出，不得低于上一年基金余额的8%。2009 年财政部、税务总局《关于非营利组织企业所得税免税收入问题的通知》规定，基金会除捐赠、政府补助、免税收入孳生的银行利息等五类收入外，其他收入仍按企业所得税法缴纳企业所得税。因此，非公募基金会的年收益需超过 10.6% 才能不动本金，以收益覆盖当年支出，而要长期实现这样的高收益投资几乎是不可能的。通过设立非公募基金会来永续开展家族慈善事业是比较困难的。在这种情况下，可以采取"家族慈善基金会 + 家族慈善信托"的模式，由家族成员或家族企业用拟用于公益目的的大部分资产设立家族慈善信托，少部分资产设立家族慈善基金会，在信托层面进行保值增值，收益根据项目需要捐赠给基金会，作为公益支出。

其次，该模式与仅设立家族慈善基金会相比，具有以下优势：其一，信托可以更好地管理股权、不动产、艺术品等资产；其二，可减少基金会资产规模，降低基金会年度最少支出比例基数；其三，降低基金会投资保值增值压力以及基金会因此缴纳的企业所得税；其四，由信托进行保值增值，可发挥信托公司的投资优势，取得更好的投资回报；其五，信托收益捐赠基金会，基金会拥有持续的捐赠收入，永续基金会成为可能；其六，信托层面设立决策委员会，企业家或其家族拥有控制权。

以广东省和的慈善基金会为例。该基金会由广东省何享健慈善基金会更名而来，更名前的基金会有着更浓厚的家族色彩。2017 年 7 月，美的集团创始人何享健公布 60 亿元慈善捐赠计划，何享健捐出其持有的 1 亿美的集团股票设立慈善信托，15 亿元现金注入其担任荣誉主席的和的慈善基金会，5 亿元现金设立"顺德社区慈善信托"，用以支持在佛山本地乃至全省全国的精准扶贫、教育、医疗、养老、创新创业、文化传承等多个领域的公益慈善事业发展。

最后，家族慈善信托基金目前在国内还是个新事物，但在发达国家却是财富家族传承的重要架构和载体，成为打破"富不过三代"这个魔咒的"法宝"。我们以邵逸夫家族资产的控制体系为例。邵逸夫通过顶层设计和架构，把家族几乎所有资产注入邵逸夫慈善信托资金，由受托人 Shaw Trustee（Private）Limited 负责运营和管理，受益人包括四个子女和方逸华。Shaw Trustee

（Private）Limited 注册于百慕大群岛。由于信托基金的特殊保护功能，该基金的解体将会受到一定的制约和限制，以避免家族财富的分割离散。邵逸夫慈善信托资金全资在瑙鲁共和国（位于南太平洋中西部的密克罗尼西亚群岛，20 世纪 90 年代成为避税天堂）成立了 Shaw Holdings Inc.，该公司 100% 控制邵氏兄弟电影公司、邵氏基金（香港）有限公司和邵逸夫奖基金会有限公司，以及香港无线 TVB 26% 的股份。邵逸夫慈善信托资金是邵氏家族财产的最终持有者。

（八）家族持股基金会 + 家族信托模式

在这种架构下，基金会可以帮助家族传承财富并实现慈善诉求，而家族信托可以用来照顾家族成员的利益，甚至可以用来做员工的股权激励，起到对家族和企业高管的双重激励作用。

以老牛基金会为例。2005 年 1 月，牛根生携家人承诺将其持有的内蒙古蒙牛乳业股份有限公司的全部股份捐赠给老牛基金会，并约定：在他有生之年，该股份红利所得的 67% 归老牛基金会，33% 归个人使用；待他天年之后，该股份红利所得全部归老牛基金会，家人只领取相当于北京、上海、广州三地平均工资的生活费。蒙牛乳业的股份按照当时相关法律，以每年 25% 的比例转入老牛基金会，于 2010 年 7 月捐赠完毕。同时，牛根生将持有的香港上市公司中国蒙牛乳业的股份，通过瑞士信贷信托公司设立了不可撤销的 Hengxin 信托。该信托以老牛基金会秘书长雷永胜为主的保护人委员会为保护人，受益人包括老牛基金会及中国红十字会等公益慈善组织。牛根生及家人是唯一的私益受益人，可以得到捐出股份股息的 1/3。

（九）复合模式

基金会和信托制度自产生以来，因为其灵活的架构特点，一直挑战着财富家族、专业人士和监管机构的智慧极限。在以上八种模式之外，我们暂时将家族基金会和其他一种以上架构或工具的组合称为复合模式，也为后续的研究留下一个接口。

1. 家族办公室 + 家族慈善信托 + 家族慈善基金会模式

这种架构是有利于实现家族利益最大化、公益利益最大化和税务最小化三个冲突目标的最优组合。

以比尔·盖茨的"三驾马车"为例。1994 年，盖茨在华盛顿州成立瀑布投资（Cascade Investment）家族办公室，企业性质为有限责任公司 LLC，主要管理盖茨减持微软公司股票获得的现金及分红。2000 年，盖茨将威廉·H. 盖茨基金会更名为比尔和梅琳达·盖茨基金会，并明确基金会的宗旨是减少全球存在的不平等现象。2006 年，盖茨将基金会一分为二，分别是基金会和信托基金，二者均为私人基金会，基金会是信托基金的受益人，基金会的受托人是盖茨夫妇和巴菲特，信托基金的受托人只有盖茨夫妇。"三驾马车"中，家族办公室负责个人财富的管理，信托基金负责公益财富的管理，基金会负责公益财富的支配，同时还会将个人财富捐赠给信托基金转成公益财富。为保障基金会的稳健运营，以基金会作为唯一合伙人成立了三个附属机构：一是 IRIS 控股，旨在购买土地并建设基金会总部；二是 GPP，旨在为捐赠者提供一种具有成本效益的高效工具，类似于社会捐赠的接受组织；三是 Gates MRI，旨在通过加速科研成果转化的发展，治疗中低收入国家穷人的疾病等。

2. 家族慈善基金会 + 家族慈善先行信托 + 家族控股公司 + 家族企业慈善基金会模式

以掌控全球第一连锁超市沃尔玛的美国沃尔顿家族为例。1987 年，家族第一代设立了沃尔顿家族基金会（Walton Family Foundation），该基金会的理事会仅由家族成员组成。目前是第三代，由孙女担任理事会主席，孙女婿接班家族企业并担任沃尔玛集团的董事会主席，理事会成员仍全部为家族成员。沃尔顿家族慈善支持基金会，是该家族鲜为人知的一个基金会，没有官方网站，少有公开报道，也不对外募集资金，设立目的是支持阿肯色州高等教育。与沃尔顿家族基金会理事会构成不同的是，沃尔顿家族慈善支持基金会的管理层除了一名家族成员，其他成员都是来自阿肯色州的名人，如参议员、退休的大学校长等。两个家族慈善基金会有着明确的分工，沃尔顿家族基金会是主要的资金来源者，是家族税收筹划的主要载体，因此由家族绝对控制；沃尔顿家族慈善支持基金会的管理层充分吸收了当地的其他资源，并且主要的活动也是回馈所在州的高等教育。家族基金会的主要资金来源，并不是靠创始人的一次性捐赠，也不是依靠其后代的持续捐赠，更不是靠家族企业的捐赠，而是通过多个家族慈善先行信托获得。一代作为委托人设定家族慈善基金会为受益人，在信托存续期间将信托本金及产生的投资收益陆续向基金会进行分配，到期之后若有剩余财产，则归属于委托人指定的继承人。在美国的法律制度下，沃尔顿家族继承人可以在免缴遗产税的前提下取得大量遗产。沃尔顿家族是沃尔玛公司的控股股东，家族成员持股接近 50%。沃尔玛基金会成立于 1979 年，属于企业支持基金会，三个核心功能分别为企业社会责任的体现、享受特定的税收筹划利益、在企业声誉和人力资源方面助力企业的发展。

三、我国家族基金会的创立

捐赠人意愿确定、目的明确和财产确定，是基金会创立的有效要件。目前我国的家族基金会，仅指家族慈善基金会，且为非公募基金会；如果同时要实现私益目的，需要跟其他的架构和工具组合使用。

（一）基本条件

第一，为特定的公益目的而设立。根据我国《慈善法》的规定，公益目的包括：扶贫、济困；扶老、救孤、恤病、助残、优抚；救助自然灾害、事故灾难和公共卫生事件等突发事件造成的损害；促进教育、科学、文化、卫生、体育等事业的发展；防治污染和其他公害，保护和改善生态环境；符合本法规定的其他公益活动。财富家族可以根据自身的情况，聚焦一个或几个领域；如暂时未考虑成熟，也可先采取概括性的方式进行表述；实践中以前者为多。

第二，为非公募基金会，原始基金不低于 200 万元，且必须为到账货币资金；在民政部登记的家族基金会，原始基金应超过 2000 万元。这里需要注意几个问题：其一，由于家族基金会的家族属性，不得面向公众募捐，只能采取非公募基金会形式。其二，虽然发起人可以向家族基金会捐赠非货币财产，如股权、不动产，但为了保障基金会的初期运营，原始基金必须是货币资金，且必须到账。其三，原始基金有法定最低要求，有条件的家族基金会可以选择超出 200 万元。但同时，由于现行法律规定对基金会的管理费用及公益事业支出有强制比例要求，且以基金会的年末净资产作为非公募基金会支出要求的基数，基数越大，公益事业支出最低数量要求越高，每年需要投入更高的后续资金来维持基金会的资本充盈。对于新成立的家族基金会，尚处于试运行的阶段，需要花费许多时间和精力学习了解如何运营基金会，所以未必是注册资金越高越好，应结合基金会的实际情况和短期内的规划确定基金会的注册资金。其四，与我国《公司法》规定不同的是，家族基金会的注册资金没有认缴制，而是实缴制。

第三，有规范的名称、章程、组织机构以及与其开展活动相适应的专职工作人员。这里主要介绍我国家族基金会的命名规则：

①名称应当反映公益活动的业务范围，应当依次包括字号、公益活动的业务范围，并以"基金会"字样结束。②不得使用"中国""中华""全国""国家"等字样。③在省、自治区、直辖市人民政府民政部门登记的家族基金会应当冠以所在地的县级或县级以上行政区划名称。冠以省级以下行政区划名称的，可以同时冠以所在省、自治区、直辖市的名称。冠以市辖区名称的，应当同时冠以市的名称。④基金会的字号应当由两个以上的字组成。⑤字号可以使用自然人姓名、法人或其他组织的名称或者字号，但应当符合以下规定：使用自然人姓名、法人或者其他组织的名称或者字号，需经该自然人、法人或其他组织同意；不得使用曾因犯罪被判处剥夺政治权利的自然人的姓名；一般不使用党和国家领导人、老一辈革命家的姓名。⑥使用已故名人的姓名作为字号，该名人必须是在相关公益领域内有重大贡献、在国际国内享有盛誉的杰出人物。⑦名称应当使用符合国家规范的汉字；在自治区人民政府民政部门登记的基金会，其名称可以同时使用本民族自治地方通用的民族文字；基金会名称需译成外文使用的，应当按照文字翻译的原则翻译使用，不需报登记管理机关核准。⑧名称不得含有下列内容和文字：有损国家、社会公共利益的；可能对公众造成欺骗或者引起公众误解的；有迷信色彩的；外国国家（地区）名称、国际组织名称；政党名称、国家机关名称及部队番号；其他基金会的名称；外国文字、汉语拼音字母、数字；其他法律、行政法规规定禁止的。⑨不得使用下列名称：已被登记管理机关

撤销登记，自撤销登记之日起未满三年的基金会的名称；已注销登记，自注销登记之日起未满三年的基金会的名称；已变更名称，自变更登记之日起未满一年的基金会的原名称。

第四，有固定的住所。

第五，能够独立承担民事责任。

表 2-3 展示了我国基金会和慈善信托的不同之处。

表 2-3　我国基金会和慈善信托的对比

项目	基金会	慈善信托
资金要求	原始基金：非公募基金会 200 万元起，地方性公募基金会 400 万元起，全国性公募基金会 800 万元起	没有资金要求，由信托公司根据自身情况确定起点
财产类型	均可，但原始基金须为到账货币资金	均可
与委托人关系	捐赠已有基金会较难体现捐赠人意志，但可通过创立基金会将其意志体现在章程中	可在强调受托人信赖义务基础上限定受托人的行为
是否可转为私益	不可	不可
注册及监管	业务主管单位批准，民政部门登记；存在直接登记情形	银保监部门登记，民政部门备案
主体资格	具有法人资格，没有股东，不能分红	无法人主体资格，不能分红
慈善属性认定	可依法登记或认定为慈善组织	暂未在登记 / 认定范围
捐赠发票	可开公益事业捐赠票据，进行税收抵扣	信托公司不可开公益事业捐赠票据

续表

项目	基金会	慈善信托
内部治理	经营权、所有权、收益权分离，以理事会为治理主体	以受托人义务为核心，为受益人利益管理财产，受托人不得违反忠诚义务和注意义务
慈善支出	非公募基金会每年公益支出，不低于上年基金余额的8%；公募基金每年公益支出，不低于上年总收入的70%	没有限制
保值增值	应合法、安全、有效，不得有禁止投资情形，但与其慈善宗旨一致的股权投资除外	没有严格限制，实务中多以稳健投资为主，委托人和受托人另有约定的除外
税收	可进行免税资格认定，免税收入免征企业所得税；但经营性收入和所得应纳税	受益人如何纳税暂不明确；信托公司开展慈善业务无须缴纳风险资本和信托业保障基金
运营成本	须有固定场所和专职团队，年度管理费用一般为当年总支出的5%～10%	无需固定场所和专职团队，运营成本没有具体限制和标准，由委托人和信托公司商定，设立费较低，年度管理费一般为0.3%～0.8%
资产隔离	捐赠财产即基金会财产，与捐赠人自有财产清晰区隔	信托财产独立于委托人、受托人、受益人，信托财产在不同法系国家法理基础不同
解散	不得任意解散，维持永续性	无相关限制

（二）报批程序

以杭州市为例，报批程序如下。

1. 向业务主管单位申请设立

发起人根据拟开展的业务活动范围，向业务主管单位提交设立基金会的申请报告，业务主管单位审查同意的，出具同意设立的批准文件。

2. 向登记管理机关申请设立登记

发起人持业务主管单位同意设立的批准文件及相关书面材料向登记管理机关申请设立登记。需提交的材料包括：

（1）设立登记申请书〔主要内容包括：设立基金会的理由；申请人（主要捐赠人）的基本情况及其近年来参与、支持公益事业的情况；基金会的名称、宗旨、业务范围、原始基金及基金会的捐赠人、理事长等情况〕，申请书由申请人签名或盖章。

（2）业务主管单位同意设立的文件（载明同意该基金会设立并同意担任其业务主管单位，承担相应职责）。

（3）章程草案（依照章程示范文本拟定，经理事会表决通过）。

（4）住所使用权证明。

（5）捐资承诺书（载明拟捐赠金额、用途、承诺该资金为本人或本单位合法财产）。

（6）法定代表人承诺书（承诺不担任其他组织的法定代表人）。

（7）秘书长承诺书（承诺专职从事秘书长工作，不再担任其他社会职务）。

（8）《杭州市基金会法人登记表》（主要内容包括：申请设立的基金会基本情况、理事名单、身份证明文件以及拟任理事长、副理事长、秘书长简历等）。

（9）验资报告。

以上所有材料一式二份，发起人委托代理人办理的需提供授权委托书。

登记管理机关审查后，准予登记的，发给《基金会法人登记证书》；不予登记的，应当书面说明理由。

3. 办理有关证照事宜

基金会在登记管理机关领取证书后，凭《基金会法人登记证书》办理印章刻制；到质监部门办理《组织机构代码证书》；到银行申请基本账户开立，办理《银行开户许可证》；到税务部门办理《税务登记证》，购买相关票据。

4. 备案

基金会应将印章式样、银行账号以及税务登记证件复印件，于 30 日内报登记管理机关进行备案。

5. 成立公告

登记管理机关对准予登记的非公募基金会予以公告。

（三）内部工作

设立家族基金会的内部工作包括以下 13 个方面。

（1）梳理家族资产。

（2）确定创始捐赠的额度和资产类别。

（3）召开家族会议 / 财产共有人会议。由基金会发起人发起成立基金会的财产，如属于夫妻共有或其他共有情形的，应取得财产共有人的同意，否则可能会引起捐赠无效的后果并引起法律纠纷。如捐赠公司股权，还需要召开公司股东会议，取得其他股东放弃优先购买权的书面文件。

（4）提炼家族基金会的价值观、愿景和使命，厘清发起设立家族基金会的特定公益目的。

（5）家族基金会命名。可以创始人姓名命名，如广东省国强公益基金会（杨国强）、浙江马云公益基金会；可以上一代姓名命名，如河仁慈善基金会（由曹河仁的儿子曹德旺发起）、黄奕聪慈善基金会（由黄奕聪的孙子黄杰胜和孙媳虞蘅发起）；可以下一代姓名命名，如昆山昱庭公益基金会（钱军取其子名字）、上海亲和宇宙老龄事业发展基金会（"亲和源"创始人奚志勇创办，"亲和"来自企业品牌，"宇宙"来自两个孙子的名字）；也可以寓意作为名称，如广东省和的慈善基金会。

（6）组建理事会。

（7）起草章程。

（8）确定办公场所，招募合适的工作人员。

（9）进行战略规划。

（10）制定预算计划和资源开发计划。

（11）建立档案管理体系。

（12）建立会计制度。

（13）缴纳税收减免资格申请。

从国外的法律和实践来看，私人基金会设立的方式主要有三种：登记、批准以及自行设立。

第三节　家族基金会的运作机制

环顾全球，成功可持续的家族基金会都是通过完善的架构设计和机制设计来实现的。上一节，我们介绍了架构设计；在本节，我们将继续介绍家族基金会的机制设计。

一、家族基金会运行机制的影响因素

（一）冲突和冲突管理

在家族基金会的理事会中，最常见的冲突来源并不是代际冲突。一般来说，创始人是非常强势的个人，很少在家族内部和基金会内部受到挑战。在后面几代，选择后代的过程会将部分后代排除在外，从而避免最有敌对可能性的亲子之间发生冲突。理事会中的亲子关系通常会被自动视作联盟。

兄弟姐妹之间的冲突最为常见，其次则是堂表兄弟之间或叔叔伯伯／阿姨婶婶与侄子侄女之间的冲突。这些冲突有时反映了出生顺序和性别方面的冲突，有时反映了年轻一代家族成员对家族领袖地位的争夺。在一些严重失和的家族，理事会内部、理事会与被排除在外的家族成员之间的冲突甚至会持续不断。

每个家族基金会都建立了冲突解决机制，以保持捐赠事业的持续进行。有些家族会细分各项职责，有冲突的家族成员之间不必达成高度一致，而是一种互相投赞成票以通过对彼此都有利的提案的做法（log-rolling）。理事会负责用自由裁量权保持平衡。

在领导者方面，兄弟或家族分支之间有冲突的家族基金会，家族通常不会让任何一方控制理事会，而是由作为调停方和中立方的家族成员成为领导者。

家族基金会的个人冲突不一而足，没有统一的模式。有的家族冲突会使得某些拥有专长的家族成员无法参与理事会，但这些专长又恰恰是理事会需要的。有的基金会有许多无效、难以进行下去的会议，以及董事和员工之间的冲突。

（二）组织结构

第一，随着时间的推移，不论家族基金会的资产规模是否经历大规模增长，家族基金会都会倾向于使组织结构越来越正式和复杂，并且采用科层制的组织结构。一般来说，组织结构较为非正式的家族基金会管理层和理事会更有可能向组织结构较正式的家族基金会学习做法和理念，这样的借鉴和学习可能让自己看起来更为"高级和资深"。大多数家族基金会选择在理事会设置下属委员，对捐赠申请和提案做初步审查，理事会做出最终决定。

第二，家族结构越复杂，家族基金会越倾向于采用复杂的组织结构。规模较大的家族可能需要使较多家族成员参与家族基金会事务，而参与人数与家族基金会运营所需人数关系并不大。如果家族分支之间发生冲突，家族必须建立明确的规则来监督家族成员进入和退出家族基金会的过程。在这种情况下，家族基金会的规则、程序、工作任务、绩效评价都会变得越来越具体和细致，不会再以家族纽带和人际关系作为董事选聘和留任的标准。这样一来，因为非正式的家族关系和家族情感无法解决家族冲突，所以家族基金会采用正式的组织结构来管理家族冲突。

（三）持续性

家族基金会对基金会的持续性非常关注。资深董事想要找到拥有兴趣、承诺、才能和特殊技能的个人成为下一代基金会成员和领导者。如果基金会是从第一代走向第二代，那么保证家族基金会持续性的关键就在于选人。第二代家族成员没有经历过第一代遭遇过的许多挑战，因此可能不具备决策所需的某些看问题的视角和面对挑战的坚韧。在第二代，家族认同和家族在当地的地位、声望依然很高，相对容易出现渴望成为领导者的家族成员，而选人的挑战在于从中挑出合适的家族成员。从第三代开始，这一挑战变为招聘。后续几代的家族成员在地理分布上变得更为分散，对于年轻一代来说，这种地理上的分散，稀释了基金会董事的社会效益。最有才能和最富有经验的家族成员会更想进入更富有挑战、回报更高的领域。

家族成员加入家族基金会的董事既有收益也有成本。成本之一是时间。家族成员被认为应当无偿为基金会贡献时间，作为基金会的董事，家族成员贡献的时间从每月几个小时到每月几天不等，有时甚至每周要花一天以上的时间在基金会。这对于住得较远的家族成员来说，是很重的时间负担。

成本之二是有的基金会要求家族成员正式加入前，必须完成很长一段时间的培训，之后还有实习期。这对于部分家族成员来说是学习的机会，但对于有的家族成员来说则是负担。

成本之三是家族成员的价值观或优先级偏好与理事会的使命不一致。在这种情况下，家族成员参与理事会是一种严重的利益和兴趣冲突。家族成员加入基金会的最常见动机是将此视为提升个人价值的机会。家族成员不仅能在基金会中受到教育，还能了解社区的需求。另一个动机则可能是地位。参与基金会使居住在当地的家族成员有机会加入有影响力的圈子中。特别是对于没有从家族获得大额财富的家族成员和分支来说，基金会使他们有机会进入更高社会地位的群体中，这是通过事业和其他社会网络所得不到的。对于有的董事来说，家族联系本身也是一种参与基金会的动力。基金会使他们有机会与其他家族成员一起工作，共同努力使家族祖先的遗产长青和不朽。另外，有的家族基金会面临聘任非家族董事的问题。在大多数情况下，非家族成员被认为会给基金会带来客观立场或是专业技能，特别是在业务活动上。但是，这些非家族成员通常是现任家族董事的朋友，他们之间更像是兄弟姐妹的关系。值得关注的是，家族小团体之间为了争取非家族成员的支持，存在潜在竞争。这是一种摇摆选民，特别是在代际更迭、领导权转换之际。

二、我国家族基金会的运行机制

《中国私人银行发展报告（2021）》从治理结构、治理举措和家族成员参与等三个维度，对我国家族基金会的运行机制进行了分析：一是家族基金会基本具备完善的治理结构，但多数未能发挥基金会的有效治理功能；二是理事会发挥决策作用，理事会成员多元，家族内部成员与外部人士相结合，家族意愿和社会需求兼顾；三是制度建设可覆盖基础管理，但可持续发展的制度建设有待加强；四是基金会部分管理功能受益于家族企业的管理支持；五是透明度高于基金会平均水平，在尊重家族隐私的基础上加强基金会的信息披露；六是在品牌建设和保值增值等方面的专业力量和资源投入不足；七是家族基金会发挥了部分传承功能，家族下一代慈善力量正在崛起。

（一）内部治理

与家族企业治理类似，每一个家族基金会都需要决策机构、监督机构和执行机构（见图 2-7），这不仅是法律的规定，也是基金会正常运作的要求。

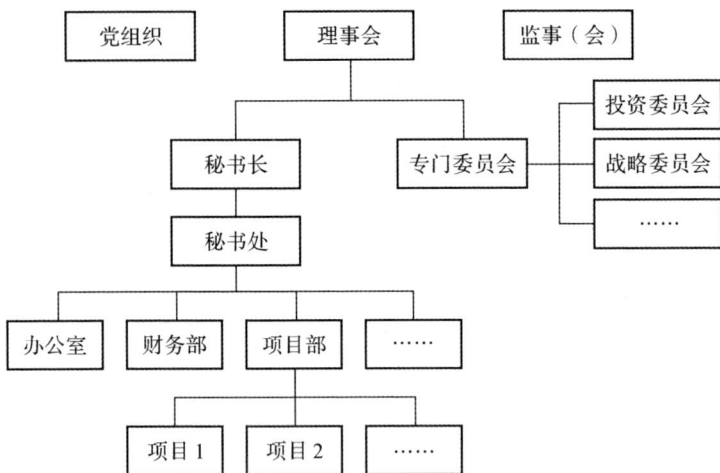

图 2-7　家族基金会的内部治理机构

1. 理事会

（1）理事会的职权

理事会是家族基金会的决策机构。根据民政部《基金会章程示范文本》，理事会主要行使下列职权：①制定、修改章程；②选举、罢免理事长、副理事长、秘书长；③决定重大业务活动计划，包括资金的募集、管理和使用计划；④年度收支预算及决算审定；⑤制定内部管理制度；⑥决定设立办事机构、分支机构、代表机构；⑦决定由秘书长提名的副秘书长和各机构主要负责人的聘任；⑧听取、审议秘书长的工作报告，检查秘书长的工作；⑨决定基金会的分立、合并或终止；⑩决定其他重大事项。

财富家族可以根据自身的实际情况，在章程中对理事会的职权进行自主性的设置。但下列事项属于强制性要求：①理事会每年至少召开两次会议。理事会会议须有 2/3 以上理事出席方能召开；理事会决议须经出席理事过半数通过方为有效。理事会会议应当制作会议记录，并由出席理事审阅、签名。②须经出席理事 2/3 以上通过方为有效的事项：章程的修改；选举或者罢免理事长、副理事长、秘书长；章程规定的重大募捐、投资活动；基金会的分立、合并。③须经理事会组成人员 2/3 以上通过方为有效的事项：重大投资方案；财务和资产管理制度。

（2）理事的选择

家族基金会的理事为 5 ～ 25 人（一般为奇数），理事任期由章程规定，但每届任期不得超过五年。理事任期届满，连选可以连任。理事可由家族成员、热心公益事业的专家或者有关人士、基金会员工或财会人员担任。

相互间有近亲属关系的家族基金会理事，总数不得超过理事总人数的 1/3。以广东省和的慈善基金会为例，现任理事共九名，其中何倩兴、何剑锋和何倩嫦三人为同胞兄弟姐妹关系，互为近亲属，但其人数恰好占全部理事数量的 1/3，符合法律规定。

在家族基金会领取报酬的理事不得超过理事总人数的 1/3，未在基金会担任专职工作的理事不得从基金会获取报酬。

2. 监事会 / 监事

根据我国《民法典》的规定，基金会作为捐助法人，应当设立监事会等监督机构；但根据《基金会管理条例》的规定，基金会必须设置监事，未强制要求设置监事会，三名监事以上可组成监事会。监事会／监事是家族基金会的监督机构，不由理事会产生，也不对理事会负责。

（1）监事会／监事的职责

根据民政部《基金会章程示范文本》，监事会／监事主要行使下列职权：①监事依照章程规定的程序检查基金会财务和会计资料，监督理事会遵守法律和章程的情况；②监事列席理事会会议，有权向理事会提出质询和建议，并应当向登记管理机关、业务主管单位以及税务、会计主管部门反映情况；③监事应当遵守有关法律法规和基金会章程，忠实履行职责。

除此之外，财富家族可以根据自身的实际情况，在章程中对监事会／监事的职责进行自主性的设置。

（2）监事的选择

家族基金会监事会／监事的产生，是由家族、业务主管单位和登记管理机关选派，监事任期与理事相同。实践中，家族基金会的监事在基金会设立时通常由家族选派候选人，业务主管单位和登记管理机关对监事的候选人提出意见和建议，最终确认选派的监事人选。由于监事的职责涉及检查基金会的财务和会计资料，一般建议选择具有财务会计、法律等专业背景的人员作为监事人选。

家族基金会的理事、理事的近亲属和基金会财会人员不得兼任监事。监事不得从基金会获取报酬。

3. 秘书长

秘书长是家族基金会执行机构的负责人，需要在基金会专职工作。考虑到秘书长的工资负担压力较大及基金会费用支出的比例限制，通常会由财富家族借调人员担任初创期基金会的全职秘书长，相当于捐赠了秘书长的工资薪金。

（1）秘书长的职责

根据民政部《基金会章程示范文本》，秘书长在理事长领导下开展工作，主要履行下列职责：①主持开展日常工作，组织实施理事会决议；②组织实施基金会年度公益活动计划；③拟订资金的筹集、管理和使用计划；④拟订基金会的内部管理规章制度，报理事会审批；⑤协调各机构开展工作；⑥提议聘任或解聘副秘书长以及财务负责人，由理事会决定；⑦提议聘任或解聘各机构主要负责人，由理事会决定；⑧决定各机构专职工作人员聘用；⑨章程和理事会赋予的其他职权。

财富家族可以根据自身的实际情况，在章程中对秘书长的职责进行自主性的设置，但要注意和理事长、副理事长的职权不能重叠。

（2）秘书长的选择

家族基金会秘书长人选应当符合以下条件：在本基金会业务领域内有较大影响；最高任职年龄不超过70周岁；为专职；身体健康，能坚持正常工作；具有完全民事行为能力。

有下列情形之一的人员，不能担任家族基金会的秘书长：属于现职国家工作人员的；因犯罪被判处管制、拘役或者有期徒刑，刑期执行完毕之日起未逾五年的；因犯罪被判处剥夺政治权利正在执行期间或者曾经被判处剥夺政治权利的；曾在因违法被撤销登记的基金会担任理事长、副理事长或者秘书长，且对该基金会的违法行为负有个人责任，自该基金会被撤销之日起未逾五年的。

担任家族基金会秘书长的香港居民、澳门居民、台湾居民以及外国人，每年在中国境内居留时间不得少于三个月。

家族基金会的秘书长由理事会从理事中选举产生，因属重大事项，须经出席理事 2/3 以上通过。

秘书长每届任期与理事、监事相同，连任不超过两届。因特殊情况需超届连任的，须经理事会特殊程序表决通过，报业务主管单位审查并经登记管理机关批准同意后，方可任职。

4. 法定代表人

理事长为家族基金会的法定代表人，从理事中选举产生。涉及理事长的法律规定，基本与秘书长相同，但有两点区别：①不得同时担任其他组织的法定代表人；②原始基金来自中国境内的家族基金会，应当由中国境内居民担任法定代表人。

5. 党建

家族基金会也需成立党组织，主要有以下三种常见的设置形式。

（1）独建。对于专职工作人员有正式党员三名以上的基金会，应按规定单独建立党的基层组织。党组织书记一般从基金会内部产生，提倡党员负责人（指理事长、副理事长和秘书长）担任党组织书记。负责人不是党员的，可从管理层中选拔党组织书记。没有合适人选的，可提请上级党组织选派，再按党内有关规定任职。

（2）联建。若基金会有党员1～2人，可以根据属地管理或属业管理模式建立联合党组织。属地管理，是指在相邻地域中，联合其他党员不足三人的单位共建党组织。属业管理，是指由上级党组织或其他主管单位牵头，成立联合党组织。

（3）委派。若基金会中尚无党员，可与业务主管单位协商确定党员兼任党建工作联络员。

（二）组织机构

1. 内设机构

我国法律对家族基金会内设机构的架构没有强制性规定，财富家族可以根据自己的情况做出安排。基金会内设机构的设立和变更需要由理事会会议通过，但属于一般事项。

秘书处是最为常见的内设机构，其他部门还可包括：（1）辅助决策部门，一般称为"专门委员会"，如战略规划委员会、投资管理委员会等；（2）项目部门，可以设立一个统一的项目部，也可按照项目的名称或范围设立多个项目部，分别负责不同项目的执行；（3）行政部门，如基金会办公室、财务部、人力资源部、品牌运营部、市场部等。

除了辅助决策部门，内设机构全部直接向秘书处负责是一种常见的家族基金会组织形式；另一种常见的组织形式是理事会下设部分辅助决策部门，而秘书处下设行政与执行部门，例如广东省和的慈善基金会的治理架构（见图 2-8）。

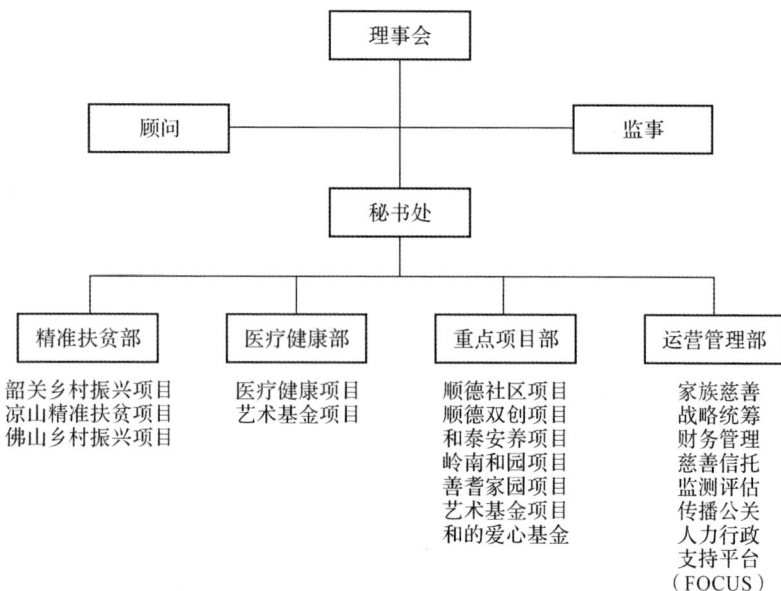

```
                    ┌────────┐
                    │ 理事会  │
                    └────────┘
                         │
    ┌────────┐           │           ┌────────┐
    │  顾问   │───────────┼───────────│  监事   │
    └────────┘           │           └────────┘
                    ┌────────┐
                    │ 秘书处  │
                    └────────┘
                         │
   ┌───────────┬─────────┴─────────┬───────────┐
┌────────┐ ┌────────┐        ┌────────┐   ┌────────┐
│精准扶贫部│ │医疗健康部│        │重点项目部│   │运营管理部│
└────────┘ └────────┘        └────────┘   └────────┘
韶关乡村振兴项目  医疗健康项目    顺德社区项目    家族慈善
凉山精准扶贫项目  艺术基金项目    顺德双创项目    战略统筹
佛山乡村振兴项目              和泰安养项目    财务管理
                           岭南和园项目    慈善信托
                           善耆家园项目    监测评估
                           艺术基金项目    传播公关
                           和的爱心基金    人力行政
                                        支持平台
                                        （FOCUS）
```

图 2-8 广东省和的慈善基金会治理架构

2. 内控制度

家族基金会的内控制度，主要包括基金会章程和内部制度。不同体量、规模和业务领域的家族基金会，其内部制度不尽相同。

（1）基金会章程

章程是家族基金会最重要的法律文件，由理事会制定，其制定和修改均须经出席理事 2/3 以上通过方为有效。

家族基金会的章程一般只能在各地民政部门适用的《基金会章程示范文本》上，进行信息填充、选择或补充。如内容增加较多的，可另行制定《基金会内部规则》，作为章程的补充。

章程的制定和修改应当经业务主管单位审查同意，并向登记管理机关备案。未履行规定程序的，登记管理机关不予受理章程核准。未经核准的章程，不能作为家族基金会开展活动的依据。

家族基金会的章程必须明确基金会的公益性质，不得规定使特定自然人、法人或者其他组织受益的内容。同时，基金会章程应当载明下列事项：①名称及住所；②设立宗旨和公益活动的业务范围；③原始基金数额；④理事会的组成、职权和议事规则，理事的资格、产生程序和任期；⑤法定代表人的职责；⑥监事的职责、资格、产生程序和任期；⑦财务会计报告的编制、审定制度；⑧财产的管理、使用制度；⑨基金会的终止条件、程序和终止后财产的处理。

（2）内部制度

家族基金会的内部制度主要包括：理事会制度和监事会 / 监事制度；人力资源管理制度；资产管理制度；财务管理制度；票据及印章管理制度；公益项目管理制度；重大事项报告制度；信息公开制度；党建工作制度；保密制度；志愿者管理制度；关联交易制度；保值增值投资活动管理制度；著作权、商标、专利、商业秘密管理制度；等等。除此之外，还可制定专项基金管理制度、档案管理制度、诚信自律准则、基金会员工行为规范、基金会新闻发言人制度等。家族基金会的内部制度，应当在登记管理机关指定的媒体或者基金会网站等其他便于社会公众查询的媒体上予以公开。

根据《关于规范基金会行为的若干规定（试行）》，基金会应当在内部制度中明确下列问题：①各项工作人员工资福利和行政办公支出的支付标准、列支原则、审批程序，以及占基金会总支出的比例；②开展公益项目所发生的与该项目直接相关的运行成本的支付标准、列支原则、审批程序，以及占该项目总支出的比例；③资产管理和处置的原则、风险控制机制、审批程序，以及用于投资的资产占基金会总资产的比例。因为家族基金会的家族属性，基金会与家族成员个人或家族企业及其重要关联方的经济往来是很难避免的。这里重点介绍家族基金会关联交易需要注意的问题。

关联交易通常包括：购买或销售商品及其他资产，提供或接受劳务，提供或接受捐赠，提供资金，租赁，代理，许可协议，代表家族基金会或由家族基金会代表另一方进行债务结算，关键管理人员薪酬。

关联交易应履行回避制度。根据《基金会管理条例》的规定，家族基金会的理事遇有家族、个人利益与基金会利益关联时，不得参与相关事宜的决策；根据《慈善法》的规定，家族基金会的发起人、主要捐赠人以及管理人员与家族基金会发生交易行为的，不得参与基金会关于该交易行为的决策。

关联交易应坚持公允价值原则。家族基金会不得以低于公允价值的价格出售物资、提供服务、授权或者转让无形资产，不得以高于公允价值的价格购买产品和服务。在审议重大关联交易事项时，可以聘请中介机构就关联交易价格的公允性出具意见。

关联交易应进行信息公开。根据《慈善组织信息公开办法》的规定，家族基金会应将重要关联方的信息在形成之日起的 30 日内在统一信息平台（"慈善中国"网）向社会公开，以及在发生关联交易 30 日内，应当在"慈善中国"网公开具体内容和金额。需要向社会公开的关联交易包括：接受重要关联方捐赠，对重要关联方进行资助，与重要关联方共同投资，委托重要关联方开展投资活动，与重要关联方发生交易，与重要关联方发生资金往来。

另外，家族基金会不得将本组织的名称、公益项目品牌等应当用于公益目的的无形资产用于非公益目的；不得直接宣传、促销、销售家族企业（含关联企业）的产品和品牌；不得为家族企业（含关联企业）及其产品提供信誉或者质量担保；不得向家族成员、家族企业（含关联企业）直接提供与公益活动无关的借款。

（三）保值增值

家族基金会开展投资活动应秉承"合法、安全、有效"的原则，主要法律依据是《慈善组织保值增值投资活动管理暂行办法》。家族基金会开展投资活动的前提是有闲置资金，所谓闲置资金就是基金会在确保年度慈善活动支出符合法定要求以及捐赠财产可以及时足额拨付的前提下的富余资金。基金会的保值增值行为不能干扰公益目的实现，不能影响基金会开展业务活动。家族基金会可以用于投资的财产限于非限定性资产和在投资期间暂不需要拨付的限定性资产；捐赠协议约定不得投资的财产，不得用于投资。

家族基金会可以进行的投资活动，主要包括：直接购买银行、信托、证券、基金、期货、保险资产管理机构、金融资产投资公司等金融机构发行的资产管理产品；通过发起设立、并购、参股等方式直接进行股权投资；将财产委托给受金融监督管理部门监管的机构进行投资。

家族基金会不得进行下列投资活动：直接买卖股票；直接购买商品及金融衍生品类产品；投资人身保险产品；以投资名义向个人、企业提供借款；不符合国家产业政策的投资；可能使本组织承担无限责任的投资；违背本组织宗旨、可能损害信誉的投资；非法集资等国家法律法规禁止的其他活动。

家族基金会的财务和资产管理制度中应当规定以下内容：投资遵循的基本原则；投资决策程序和管理流程；决策机构、执行机构、监督机构在投资活动中的相关职责；投资负面清单；重大投资的标准；投资风险管控制度；投资活动中止、终止或者退出机制；违规投资责任追究制度。财务和资产管理制度以及重大投资方案，应当经理事会 2/3 以上的理事同意。

（四）费用支出

2016年10月，民政部、财政部和国家税务总局联合印发了《关于慈善组织开展慈善活动年度支出和管理费用的规定》。慈善活动支出，是指慈善组织基于慈善宗旨，在章程规定的业务范围内开展慈善活动，向受益人捐赠财产或提供无偿服务时发生的下列费用：直接或委托其他组织资助给受益人的款物；为提供慈善服务和实施慈善项目发生的人员报酬、志愿者补贴和保险，以及使用房屋、设备、物资发生的相关费用；为管理慈善项目发生的差旅、物流、交通、会议、培训、审计、评估等费用。管理费用，是指慈善组织按照《民间非营利组织会计制度》规定，为保证本组织正常运转所发生的下列费用：理事会等决策机构的工作经费；行政管理人员的工资、奖金、住房公积金、住房补贴、社会保障费；办公费、水电费、邮电费、物业管理费、差旅费、折旧费、修理费、租赁费、无形资产摊销费、资产盘亏损失、资产减值损失、因预计负债所产生的损失、聘请中介机构费等。表2-4为家族基金会年度慈善活动支出和管理的费用标准。

表2-4　家族基金会年度慈善活动支出和管理费用标准

类型	上年末净资产（x）/万元	慈善活动年度支出	年度管理费用
具有慈善组织属性的家族基金会	x ≥ 6000	≥上年末净资产的6%	≤当年总支出的12%
	800 ≤ x<6000	≥上年末净资产的6%	≤当年总支出的13%
	400 ≤ x<800	≥上年末净资产的7%	≤当年总支出的15%
	x<400	≥上年末净资产的8%	≤当年总支出的20%
不具有慈善组织属性的家族基金会		≥上年基金余额的8%	≤当年总支出的10%

注：

（1）具有慈善组织属性的家族基金会的年度管理费用低于20万元人民币的，可不受上述规范中年度管理费用比例的限制。（2）计算年度慈善活动支出比例时，可以用前三年收入平均数代替上年总收入，用前三年年末净资产平均数代替上年末净资产。（3）捐赠协议对单项捐赠财产的慈善活动支出和管理费用有约定的，需遵从约定，但年度慈善活动支出和年度管理费用不得违反上述规范的要求。（4）因下列情形导致年度管理费用难以符合上述规范要求的，应当及时报告当时登记的民政部门并向社会公开说明情况：登记或者认定为慈善组织未满一年，尚未全面开展慈善活动的；折旧费、无形资产摊销费、资产盘亏损失、资产减值损失突发性增长的；因预计负债所产生的损失突发性增长的。

（五）税收优惠

家族基金会作为非营利组织，其获得的符合条件的收入可以依法享有企业所得税方面的税收优惠，但需要满足两项条件：其一，家族基金会获得非营利组织免税资格。财政部、税务总局《关于非营利组织免税资格认定管理有关问题的通知》规定了具体的认定条件。其二，家族基金会的该笔收入属于免税收入的范围。

1. 非营利组织免税资格

（1）申请条件

根据《关于非营利组织免税资格认定管理有关问题的通知》，家族基金会要获得非营利组织免税资格必须同时满足以下条件：①依照国家有关法律法规设立或登记的基金会；②从事公益性或者非营利性活动；③取得的收入除用于与基金会有关的、合理的支出，全部用于登记核定或者章程规定的公益性或者非营利性事业；④财产及其孳息不用于分配，但不包括合理的工资薪金支出；⑤按照登记核定或者章程规定，基金会注销后的剩余财产用于公益性或者非营利性目的，或者由登记管理机关采取转赠给与基金会性质、宗旨相同的组织等处置方式，并向社会公告；⑥投入人对投入基金会的财产不保留或者享有任何财产权利，投入人是指除各级人民政府及其部门外的法人、自然人和其他组织；⑦工作人员工资福利开支控制在规定的比例内，不变相分配基金会的财产，其中工作人员平均工资薪金水平不得超过税务登记所在地的地市级（含地市级）以上地区的同行业同类组织平均工资水平的两倍，工作人员福利按照国家有关规定执行；⑧对取得的应纳税收入及其有关的成本、费用、损失应与免税收入及其有关的成本、费用、损失分别核算。

满足以上条件的家族基金会只需递交相应的材料向税务机关提出免税资格申请，经相应的税务主管机关批准后即可获得免税资格。非营利组织免税资格的有效期为五年，期满后六个月内可提出复审申请。

（2）免税收入

根据财政部、税务总局《关于非营利组织企业所得税免税收入问题的通知》，取得免税资格的家族基金会，其取得的以下收入可免征企业所得税：①接受其他单位或者个人捐赠的收入；②不征税收入和免税收入孳生的银行存款利息收入；③财政部、国家税务总局规定的其他收入。

2. 公益事业捐赠票据

公益事业捐赠票据，是指各级人民政府及其部门、公益性事业单位、公益性社会团体及其他公益性组织按照自愿、无偿原则，依法接受并用于公益事业的捐赠财物时，向提供捐赠的自然人、法人和其他组织开具的凭证。在具有慈善属性的家族基金会的非营利组织免税资格与抵税资格中，捐赠票据都有着重要作用。在实践中，对于捐赠收入，慈善组织都应当开具捐赠票据；对于没有捐赠票据的慈善组织或未开具捐赠票据的慈善组织，税务机关很有可能不认定该收入为捐赠收入。

根据《关于进一步明确公益性社会组织申领公益事业捐赠票据有关问题的通知》，在民政部门依法登记，并从事公益事业的家族基金会，按照《公益事业捐赠票据使用管理暂行办法》规定，可以到同级财政部门申领公益事业捐赠票据。

但如果有下列行为，不得使用捐赠票据：集资、摊派、筹资、赞助等行为；以捐赠名义接受财物并与出资人利益相关的行为；以捐赠名义从事营利活动的行为；收取除捐赠以外的政府非税收入、医疗服务收入、会费收入、资金往来款项等应使用其他相应财政票据的行为；按照税收制度规定应使用税务发票的行为；财政部门认定的其他行为。

3. 公益性捐赠税前扣除资格

企业或个人向取得抵税资格的家族基金会进行捐赠，才能依法享受税收优惠。根据财政部、税务总局和民政部《关于公益性捐赠税前扣除有关事项的公告》，家族基金会要取得抵扣资格，应当满足以下条件。

第一，符合《企业所得税法实施条例》规定的条件：依法登记，具有法人资格；以发展公益事业为宗旨，且不以营利为目的；全部资产及其增值为该法人所有；收益和营运结余主要用于符合该法人设立目的的事业；终止后的剩余财产不归属任何个人或者营利组织；不经营与其设立目的无关的业务；有健全的财务会计制度；捐赠者不以任何形式参与该法人财产的分配。

第二，每年应当在3月31日前按要求向登记管理机关报送经审计的上年度专项信息报告。报告应当包括财务收支和资产负债总体情况、开展募捐和接受捐赠情况、公益慈善事业支出及管理费用情况（包括本条第三项、第四项规定的比例情况）等内容。首次确认公益性捐赠税前扣除资格的，应当报送经审计的前两个年度的专项信息报告。

第三，前两年度每年用于公益慈善事业的支出占上年末净资产的比例均不得低于 8%。计算该比例时，可以用前三年年末净资产平均数代替上年末净资产。

第四，前两年每年支出的管理费用占当年总支出的比例均不得高于 12%。

第五，具有非营利组织免税资格，且免税资格在有效期内。

第六，前两年度未受到登记管理机关行政处罚（警告除外）。

第七，前两年度未被登记管理机关列入严重违法失信名单。

第八，社会组织评估等级为 3A 以上（含 3A）且该评估结果在确认公益性捐赠税前扣除资格时仍在有效期内。

4. 股权捐赠

2009 年以来，我国陆续推出了股权捐赠的扶持政策，越来越多的企业家愿意将其持有的企业股权捐赠，成立家族基金会，以保证基金会长久运营，持续开展慈善事业。2021 年 12 月，安踏集团表示，集团创始人家族将投入价值 100 亿元的现金及股票，成立和敏基金会，主要支持医疗救助、体育事业、乡村振兴及环境保护等四大领域。

（1）捐赠方

①家族成员捐赠股权

家族成员向家族基金会捐赠上市公司股份，免征增值税；捐赠非上市公司股权，因不属于增值税征税范围，亦无须缴纳增值税。个人捐赠股权因未取得任何收入，所以无须缴纳个人所得税。

家族成员捐赠股权应按照其持有股权的财产原值确定捐赠支出金额。捐赠支出金额，未超过个人当年申报的应纳税所得额30%的部分，可以在计算应纳税所得额时进行扣除；扣除不完的部分，不得结转至以后年度扣除。个人应在捐赠之日起90日内取得公益事业捐赠统一票据。

②家族企业捐赠股权

2009年10月，财政部发布《关于企业公益性捐赠股权有关财务问题的通知》。根据该通知规定，家族企业可以将其持有的股权（含企业产权、公司股份）捐赠给家族基金会，但要符合以下规定：一是履行内部决策程序。由自然人、非国有的法人及其他经济组织投资控股的企业，依法履行内部决策程序，由投资者审议决定后，其持有的股权可以用于公益性捐赠。二是捐赠股权必须办理变更手续。企业以持有的股权进行公益性捐赠，应当以不影响企业债务清偿能力为前提，且受赠对象应当是依法设立的公益性社会团体和公益性非营利的事业单位。企业捐赠后，必须办理股权变更手续，不再对已捐赠股权行使股东权利，并不得要求受赠单位予以经济回报。三是履行信息披露义务。公益性捐赠涉及上市公司股份的，捐赠方和受赠方应当遵照《证券法》及有关证券监管的其他规定，履行相关承诺和信息披露义务。家族企业捐赠股权主要涉及企业所得税和增值税。

企业所得税：根据2016年4月财政部、税务总局《关于公益股权捐赠企业所得税政策问题的通知》的规定，家族企业向境内家族基金会实施的股权捐赠（包括企业持有的其他企业的股权、上市公司股票等），应按规定视同转让股权，股权转让收入额以企业所捐赠股权取得时的历史成本确定。因股权捐赠不会产生股权转入所得，应纳税所得额为零，所以无须缴纳企业所得税。

企业实施股权捐赠后，以其股权历史成本为依据确定捐赠额，并依此按照企业所得税法有关规定在所得税前予以扣除。家族基金会接受股权捐赠后，应按照捐赠企业提供的股权历史成本开具公益事业捐赠统一票据。

家族企业向具备公益性捐赠税前扣除资格的家族基金会进行捐赠股权的支出，在年度利润总额12%以内的部分，准予在计算应纳税所得额时扣除；超过年度利润总额12%的部分，准予结转以后三年内在计算应纳税所得额时扣除；超过三年仍然未扣除完的部分，无须缴纳企业所得税。

增值税：家族企业捐赠非上市公司股权不属于增值税征税范围，不缴纳增值税；捐赠上市公司股份，应视同销售，按照转让金融商品计算缴纳增值税。家族企业向家族基金会捐赠上市公司股份时，捐赠方以该股票的买入价为卖出价，因买入价与卖出价相等，不会产生增值税，但需要提供能证明捐赠股份买入价的相关证明。

另外，家族企业捐赠股权还会涉及城市维护建设税、教育费附加和印花税。

（2）家族基金会

①受赠股权环节

企业所得税：家族基金会受赠股权属于免税收入，免征企业所得税，应当在捐赠协议生效且完成股权过户的日期确认收入的实现。前提是家族基金会应取得非营利组织免税资格。

我国会计制度和税收政策对家族基金会受赠股权入账价值和捐赠额确认原则存在差异，导致在后期处置股权时需要做纳税调整处理。按照会计制度规定，家族基金会应以受赠股权的公允价值确认入账价值和捐赠收入；而按照税收政策规定，则应按照股权历史成本确认。

印花税：家族基金会接受非上市公司股权捐赠，需要缴纳0.5‰的印花税，纳税义务发生时间为捐赠人和家族基金会签订捐赠协议时。接受上市公司股份捐赠，无须缴纳印花税。

家族基金会接受股权捐赠收入不属于增值税征税范围，不需要开具增值税发票。

②持有股权环节

家族基金会持有受赠股权期间，可能会取得股息、红利等权益投资收益，涉及的税种主要为企业所得税。家族基金会直接持有我国居民企业股权期间，取得的股息、红利等权益投资收益属于免税收入，免征企业所得税；但是连续持有居民企业公开发行并上市流通的股票不足12个月取得的投资收益和持有非居民企业股权取得的股息、红利收入不属于免税收入，应按照适用税率缴纳企业所得税。纳税义务发生时间，为被投资企业或股东大会做出利润分配时。

股息、红利不属于增值税征税范围，无须开具增值税发票。

③转入股权环节

家族基金会转让受赠股权，主要涉及企业所得税、增值税、城市维护建设税和印花税。

企业所得税：家族基金会转让股权取得的收入，不属于免税收入，应申报缴纳企业所得税。

股权转让所得 = 转让股权收入 — 取得该股权所发生的成本

增值税：家族基金会转让非上市公司股权，不属于增值税征税范围，无须缴纳增值税；转让上市公司股份，需要按照转让金融商品缴纳增值税，一般纳税人税率为 6%，小规模纳税人税率为 3%。

增值税应纳税额 = （卖出价 — 买入价）/（1+ 税率）× 税率

印花税：家族基金会转让非上市公司股权的印花税税率是 0.5‰，转让上市公司股份的税率是 1‰。

（六）信息公开

家族基金会应当在民政部门的统一的信息平台（"慈善中国"网）向社会公开信息，也可以通过自有网络平台、办公场所或服务场所、第三方媒体渠道等发布信息。

1. 家族基金会应该公开的信息

（1）基本信息。一是经民政部门核准的基金会章程；二是基金会决策、执行及监督机构成员信息；三是基金会下设的办事机构、分支机构、代表机构、专项基金和其他机构的名称、设立时间、存续情况、业务范围或者主要职能；四是基金会的重要关联方，包括发起人、主要捐赠人、管理人员、被投资方以及与基金会存在控制、共同控制或者重大影响关系的个人或者组织；五是基金会的联系人、联系方式，以本组织名义开通的门户网站、官方微博、官方微信公众号或者移动客户端等网络平台；六是基金会的信息公开制度、项目管理制度、财务和资产管理制度。基本信息中属于基金会登记事项的，由民政部门予以公开，慈善组织可以免予公开。基金会可以将基本信息制作成纸质文本置于本组织的住所，方便社会公众查阅、复制。

（2）年度工作报告和经审计的财务会计报告。公开时限是每年的 3 月 31 日前，年度工作报告的具体内容和基本格式由国务院民政部门统一制定。

（3）慈善项目有关情况。在设立慈善项目时，应当在统一信息平台公开该慈善项目的名称和内容；慈善项目结束的，应当公开有关情况；慈善项目由慈善信托支持的，还应当公开相关慈善信托的名称。

（4）慈善信托有关情况。担任慈善信托受托人的，应当每年至少一次将信托事务处理情况及财务状况在统一信息平台向社会公开。

（5）重大资产变动及投资、重大交换交易及资金往来情况。重大资产变动、重大投资、重大交易及资金往来的具体标准，由基金会依据有关法律法规规章在本组织章程或者财务资产管理制度中规定。

（6）关联交易行为情况。一是接受重要关联方捐赠；二是对重要关联方进行资助；三是与重要关联方共同投资；四是委托重要关联方开展投资活动；五是与重要关联方发生交易；六是与重要关联方发生资金往来。

（7）法律法规要求公开的其他信息。

2. 家族基金会不予公开的信息

（1）涉及国家秘密的信息；

（2）涉及商业秘密的信息；

（3）涉及基金会捐赠人、受益人、志愿者个人隐私的信息以及捐赠人、志愿者、受益人、慈善信托的委托人不同意公开的姓名、名称、住所、通信方式等信息；

（4）基金会内部工作信息；

（5）涉及相关权利人知识产权权利的信息；

（6）尚在磋商谈判、依照相关缔约义务应予保密的信息；

（7）其他根据法律法规规定不得公开的信息。

三、家族基金会的经典运行机制

家族和基金会，是家族基金会的两个典型特点。家族基金会在设计、治理和运行过程中，要始终围绕以下问题：家族基金会的控制权及其继承问题；持续运营的机制设计；公益和商业的灵活性安排。其中，核心问题是控制权，因为传承始终是基于财产的，财富的传承是财产所有权的传承，家族精神的传承则是财产控制权的传承。香港陈一心家族基金会认为其良好运作的秘诀在于：完善的基金会治理章程、兼容并蓄的多元化理事会以及信任包容的伙伴。

（一）股东捆绑协议

德国汉高公司（Henkel）成立于 1876 年，1985 年上市。汉高家族已成为德国首富之一，目前共有 200 多位家族成员，家族企业仍然在稳定的控股基础上健康成长。除了在家族、股东及公司层面推行三层治理机制，家族股东捆绑协议（pool agreement）成为凝聚家族的基石。根据该协议，家族所有成员成为上市公司的一致行动人，家族成员可自由出售股份，但只限于家族内部转让；若要推翻此协议，须超过 3/4 的家族成员同意。根据 2020 年 4 月 30 日的报告，汉高公司 61.5% 的投票权由 135 个家族成员、18 个基金会、3 个信托、2 个私有公司及 13 个合伙机构所持有。

邦尼集团（Bonnier）是选择不上市的瑞典出版社巨头，已历经 200 年。1952 年家族第四代接掌企业时，家族成员签订了股东绑定协议。任何家族成员若希望出售公司股权，公司可以市场价格溢价 30% 的价格收购该股权。对于家族成员已经开枝散叶的家族企业来说，避免家族成员整体持股可能会伤及彼此的感情，达成家族股东捆绑协议，是一个务实的做法和思考。

（二）家族年度大会 + 家族企业董事会 + 家族基金会

为了确保家族企业业务持续发展，同时保持家族团结，瑞典邦尼家族分设两个治理体系——家族企业董事会和家族基金会。在这两个治理机制之上是家族年度大会（AGA），由所有家族股东参加，目前约有 100 名。家族企业董事会主席和家族基金会的理事会主席都由 AGA 选举产生。就家族企业董事会而言，投票票数与所持股权多少成正比；家族基金会的理事会则不论持股多少，家族成员每人一票。家族企业董事会多由外部人员组成，以确保良好的公司治理效果，即使是现任董事长也是非家族成员。家族基金会的理事会仅由家族成员组成，为了保持价值观统一，家族成员必须参与，并与企业发展愿景保持一致。

第四节　家族基金会的另类形态：家族办公室

家族办公室在 21 世纪迈入最繁荣、最快速的发展时期。2008 年金融危机之后，各国为刺激经济发展，采取较为宽松的经济政策和货币政策，使居民财富得以迅速积累，以科技新贵为主的高净值人士数量亦得以增多。相对于私人银行、基金公司、证券公司等传统机构，家族办公室在金融危机期间所受冲击较小。随着这些因素的融合叠加，高净值人群逐渐偏向选择家族办公室作为家族治理传承的顶层结构，截至 2020 年，全球有约 7300 个单一家族办公室，平均管理资产达 9.17 亿美元，而在千禧年后设立的家族办公室占比超过 68%。[①]

一、家族办公室的起源

通常认为，古罗马时期的总管家（Domo）是欧美家族办公室的雏形。此后，法兰西王国的王室管家以及英国的宫廷管家逐渐成为风靡一时的家族财富管理主流模式。19 世纪，伴随着工业

---

① UBS, Campden Wealth Research. The Global Family Office Report 2019[EB/OL].（2021-09-24）[2022-10-14].https：//www.slideshare.net/CEOPOLSKA/the-global-family-office-report-2019-ubs.

革命带来社会结构的巨大变化，王室及贵族专享的管家也脱胎成为专门为超高净值家族提供全方位的财富管理及其他相关服务的私人机构，于是现代意义上的家族办公室（family office）便应运而生。多数人认为，世界上第一个现代意义上的家族办公室是由美国的洛克菲勒（John D. Rockefeller, Sr.）于 1882 年建立的，以洛克菲勒家族财富管理及传承为样板的家族办公室模式逐渐成为众多富豪的财富代际传承架构和工具。

二、家族办公室的定义和分类

（一）定义

家族办公室，是专为超高净值家族提供全方位财富管理和服务，以使其资产得到长期发展，符合家族的预期，并使其资产能够顺利进行跨代传承和保值增值的机构。[1] 由于家族办公室是为某个特定家族提供服务，因此其通常具有鲜明的个性化特征，其组织形式、治理体系以及运营方式等亦千差万别，凸显管理者的家族偏好。

（二）分类

基于服务家族的数量，家族办公室主要分为单一家族办公室和联合家族办公室。

---

① 唐兆凡，姚辑 . 家族办公室理论与实践 [M]. 北京：中国财政经济出版社，2020.

1. 单一家族办公室

单一家族办公室（single family office，简称 SFO）是仅为某个单一家族提供专属服务的家族办公室，全部业务均围绕着该家族的财富管理以及传承而进行；而从隶属关系考量，家族办公室形态多样，既可以作为家族企业的控股母公司，也可以作为家族企业体系内的某个职能部门，或是独立于家族企业而设立的单独机构。

2. 联合家族办公室

联合家族办公室（multiple family office，简称 MFO）则是为多个家族客户服务的专业机构。通过对中国私人财富管理行业的观察，根据管理者类型的差异，联合家族办公室一般由四种类型组成：①成功的单一家族办公室开始探索为具有紧密关系的其他家族提供财富管理服务，逐步转型为联合家族办公室；②信托、银行、保险等传统金融机构为高净值客户提供的家族办公室服务，其本质属于传统私人财富管理业务板块的延伸；③部分私募基金、基金销售公司等持牌的第三方财富管理机构设立的联合家族办公室；④具有投资管理、财税或法律服务等从业经验的专业人士创立的不持有任何监管牌照的联合家族办公室。

随着行业实践发展，家族办公室分类亦在不断细化。例如，以近年快速发展的外部资产管理人（external asset manager，简称 EAM）为例，同属于外部管理团队，EAM 主要收益来源于为客户提供定制化资产管理服务产生的管理费，而非销售金融产品的佣金收入，因而其立场相对中立，更易受家族客户认可。

三、家族办公室的目的和功能

（一）目的

由于家族办公室通常伴随家族各类型事务的处理，所以家族办公室的目的存在较大差异，根据世界经济论坛与 JPM 的联合调查报告显示，家族成员及家族办公室高管对家族办公室的目的普遍聚焦于家族投资、财富管理、家族精神、传承规划、慈善等。可以看出，家族办公室不仅包括资产配置等物质层面的目的，还涉及家族精神及价值观等文化方面的传承目的，以此作为代际沟通的纽带。

（二）功能

家族办公室是与家族基金会、家族信托等并行的一种家族顶层结构，它们具有共通的家族传承功能。实践中，各类型传承工具又可通过彼此间的不同组合以满足不同家族的个性化传承需求，共同构建家族核心人士设想的家族顶层结构。常见的组合形式例如：通过家族信托持有家族办公室的权益、家族办公室作为家族信托的受益人／保护人、家族办公室／家族信托作为家族基金会的发起人／捐赠人／受益人等等。家族核心人士在使用不同家族顶层结构时，除需要考虑各类型架构的组合方式，还应着重思考它们彼此间的差异性功能，依托特有的功能属性以期更好实现家族顶层结构的个性化运作。

根据实践观察，家族办公室有别于其他家族顶层结构的差异性功能通常包括：①围绕家族财富进行投资等资产配置活动，同时开展全流程的家族财富管理工作；②协助开展与家族成员相关的财税、法律等事宜；③为家族建立有效的治理架构以及运营管理体系；④建立家族财富传承规划并辅助具体实施；⑤培养家族年轻一代参与家族治理或指导进行创业活动；⑥为家族成员的财产继承、婚姻缔结、身份安排、礼宾安保等事宜提供咨询及服务；⑦为家族企业设计风险隔离安排，统筹运营管理家族各产业板块；⑧家族核心成员交代的其他关键事宜。

四、家族办公室的搭建

家族办公室的搭建通常需要考虑诸多因素，根据此前实践经验，家族可结合律师的"了解客户"（Know Your Customer，简称 KYC）规则共同设计选择符合自身需求的家族办公室。具体而言，可以围绕以下基本问题开展搭建工作。

（一）家族办公室为谁服务

被服务方的群体范围一般决定家族办公室的利益导向，通常需要考虑被服务方的国籍、税收身份、资产配置、社会地位、亲属关系等多重因素，并通过多轮沟通厘清家族不同成员的服务意向，使得家族办公室的搭建更加聚焦家族的核心需求。

（二）希望家族办公室提供哪些服务

实践中，从资产配置、税务筹划、代际传承再到后代培养，家族办公室所能提供的服务范围其实非常广泛，但更多的服务可能意味着更高的运营成本。建议家族办公室在搭建之初聚焦于家族核心需求，并尽快投入运营，在运营之中不断磨合优化自身团队和治理结构，后续再结合新增的实际需求点及时增加服务事项，此种方式可以较好保证投入成本的高效利用。

（三）家族办公室的运营费用

家族办公室的服务范围决定其运营费用的支出数额，以资产配置为导向的家族办公室为例，除配备必要的核心管理团队（比如首席投资官、财务总监、风控总监）以及部分辅助人员外，家族办公室更多会选择外聘第三方专业机构提供业务所需的法律、财税及战略等服务，尤其在长期合作下，家族办公室也可以获得较为优惠的服务费率。大型专业机构往往配备不同执业经验以及执业领域的专业人员，可以有效解决家族办公室可能面临的各类型需求。

（四）如何治理家族办公室

治理必须有法可循，家族办公室也不外乎此。实践中，家族办公室的治理通常围绕家族宪章、家训家风、家族成员内部股权设计、家族成员培养和企业接班人的选任制度等，并结合家族企业需求，辅之以家族企业的治理结构、"三会"安排以及经理人制度等。建议尽可能细化相关治理指标，以使治理体系的运营和考核可以有的放矢。

（五）选择哪种组织形式运营家族办公室

家族办公室可以公司、合伙企业或家族信托等任何组织形式运营，通常需要结合家族办公室出资人的国籍、税收身份以及投资目的等因素予以综合考虑；同时，由于不同法域对各类组织形式的法律责任均存在差异性的规定，建议在做出具体选择前尽可能向熟悉设立地法律的律师及税务专家征询专业意见。

案例2-4 中国企业家的SFO探索

T先生家族为中国500强企业的实际控制人，行业板块涉足金融、医药、地产以及白酒等领域，旗下医药板块登陆A股主板市场，市值最高接近千亿元。作为市场的先行者，面对家族财富的持续增长，T先生开始思考物质财富的管理和创业精神的传承等问题，希望寻找一种模式成熟且体现家族特色的财富管理工具，从而实现家族基业长青的梦想，让后辈能持续保持创业状态、延续家族的荣光。

围绕客户家族基业长青的诉求，德恒律师结合世界顶级家族的经典传承模式，提出依托"家族宪章＋家族办公室"的家族顶层结构治理模式。以家族宪章为家族治理的根本，以家族办公室为核心架构，统筹家族各项事项，包括家族投资平台的搭建、家族投资的综合管理、多类型融资、上市公司控股股东合规顾问、家族企业兼并收购、家族舆情维护、家族成员创业服务、慈善事业及传统家事业务等。如今，T先生的单一家族办公室管理资产规模逾百亿，已成为行业公认的国内顶级家族办公室。近几年，依托于家族办公室，T先生探索多家族财富管理之路，其与职业经理人合作设立的联合家族办公室已取得香港证监会相关牌照，并开始为多个知名企业家提供资产配置服务。

作为国内家族办公室的先驱者，T先生的家族办公室的搭建和发展具有重要的借鉴意义，深刻体现了家族顶层结构设计对财富管理及传承的关键作用，清晰的顶层结构更利于厘清家族与企业的联系、适当建立风险隔离机制，并依托家族办公室为家族各方面提供符合共同利益的服务。

五、国外家族办公室的发展

随着私人财富管理业务的蓬勃发展，部分成熟的单一家族办公室逐渐转型发展为联合家族办公室，资产管理的范围从自身家族财富拓展至其他第三方，这种业态的改变使得家族办公室被纳入各国法律普遍规制的资产管理业务范畴。纵观全球行业发展进程，美国以及新加坡的家族办公室实践均起步较早且发展成熟，值得关注和借鉴。

（一）美国

美国的家族办公室监管在 2010 年《多德—弗兰克华尔街改革和消费者保护法》（以下简称《多德—弗兰克法案》）之后发生重大变化，该法案取消《投资顾问法》项下"私人顾问"豁免注册规则，同时要求美国证券交易委员会（SEC）对"家族办公室"进行明确定义，这使得联合家族办公室以及具有外部客户的部分单一家族办公室不能再依靠"私人顾问"条款豁免投资顾问注册义务。因此，家族办公室在美国根据监管要求可以分为三种类型。

1. 满足法律定义的单一家族办公室

满足《多德—弗兰克法案》《投资顾问法》《SEC 家族办公室规则》规定的单一家族办公室，由于该类型家族办公室被明确排除在投资顾问定义外，因而不涉及投资顾问注册问题。

2. 满足管理规模豁免的家族办公室

《多德—弗兰克法案》规定管理规模低于 1.5 亿美元的投资顾问豁免注册，因此符合该项规则的家族办公室也无须进行投资顾问注册，但需要遵守《投资顾问法》项下的信息披露、档案保存等其他义务。

3. 注册为投资顾问的家族办公室

对于联合家族办公室和具有外部客户的部分单一家族办公室，因其管理的资产包括法规限制的"家族客户"之外的其他客户的资产，因而需要向 SEC 注册为投资顾问，履行《投资顾问法》项下全部义务。

（二）新加坡

新加坡金融管理局（Monetary Authority of Singapore，简称 MAS）将家族办公室定义为"一个为单一家族管理资产而同时由其家族成员完全持有或控制的单位"，即单一家族办公室可通过针对相关企业管理资金的牌照豁免安排而获得牌照豁免。对于联合家族办公室，MAS 将其归入基金管理公司，并进一步细分成三类进行监管。

由于税收优势及 MAS 的推动，新加坡家族办公室生态系统得到快速发展并日益成熟，吸引了诸多亚洲富有家族办公室。2022 年 4 月 11 日，新加坡金融监管局更新了 13O（此前称为"13R"）和 13U（此前称为"13X"）家族办公室税务津贴计划（以下简称新规定），新规定于 2022 年 4 月 18 日生效，其主要内容包括家族办公室的最低资产管理规模、雇佣投资管理人员数量、每年成本花费和投资本地产品等要求。因享受税务津贴计划的准入门槛提高，新加坡家族办公室的质量和规模被动提高，意图吸引高质量的家族办公室落地新加坡；同时，新规亦增加家族办公室对新加坡法律、财税等专业市场的服务需求；此外，新规定对家族办公室在新加坡本地化投资的要求，也一定程度促进新加坡本地经济的增长。[①]

六、中国家族办公室的发展

居民财富的管理、传承日益成为社会的关注重点，财富管理市场发展正当时，金融机构不断推出私人银行、家族信托、保险计划等多种多样的财富管理工具，私募基金、联合家族办公室等第三方财富管理公司也开始介入其中，更有超高净值家庭效仿域外经验纷纷组建管理本家族资产的单一家族办公室。根据媒体报道，国内冠以"家族办公室"或类似名称的机构高达上万家，颇有"忽如一夜春风来，千树万树梨花开"之势。有人戏称财富管理市场发展不是"方兴未艾"，而是"如火如荼"。

对于单一家族办公室，香港的准入监管政策相对较为宽松。香港证券及期货事务监察委员会（SFC）于 2020 年 1 月 7 日发布了《有关家族办公室的申请牌照责任的通函》（以下简称《通函》）。《通函》指出，考虑到家族办公室"并非为第三方提供资产管理服务"，因此"以内部单位形式营运家族办公室，以便管理信托资产，则该家族办公室将无需申领牌照"。

而对于联合家族办公室，香港并未设置专门针对性的准入监管政策，而是将其视为在既有监管框架之下的某一类金融机构，

---

① Monetary Authority of Singapore. Reply to Parliamentary Question on Family Offices Registered in Singapore [EB/OL]. （2022-07-04）[2022-10-14]. https：//www.mas.gov. sg/news/parliamentary-replies/2022/reply-to-parliamentary-question-on-family-offices-registered-in-singapore.

进行常规监管。《通函》开宗明义地指出："香港并无专为家族办公室而设的发牌制度。"而联合家族办公室"其资产管理活动与持牌管理公司的活动大致相若"，故直接适用资产管理公司的准入规则即可。如 SFC 在 2022 年 1 月发布的《发牌手册》中规定的："以管理资产（包括证券或期货合约）的业务形式而设立的公司或家族办公室，可能须持有第 9 类受规管活动（提供资产管理）牌照。"此外，值得注意的是，《发牌手册》亦规定了若家族办公室拟提供其他服务（如按照家族所做出的指示购买金融资产），便应该确认这些服务是否属于《证券及期货条款》第 1 类（证券交易）和第 4 类（证券交易咨询）等其他类别的受规管活动。受开曼、BVI 经济实质法案落地实施的影响，部分家族办公室会持有第 9 类牌照并参与到相关法律架构中。

中国家族办公室行业正在逐渐显现以下发展趋势：

首先，家族办公室作为与家族基金会、家族信托等并行的一种家族顶层结构，不但被越来越多的国内超高净值家族青睐，而且作为国内一种新兴业态也逐渐获得地方政府的关注，部分地区业已出台包括人才落户、租金减免、个税优惠以及其他专项补贴等针对性的优惠或鼓励政策，也从政策层面推动家族办公室的发展。

其次，起步较早且发展成熟的单一家族办公室正在寻求转型为联合家族办公室，通过多家族的财富共同管理以加深各家族彼此间的利益联系及交流，以更好应对全球经济发展的变化，同时也可以降低家族办公室的相对运营成本。

最后，越来越多的职业投资人、财税专家以及律师开始以家族办公室为代表的私人客户作为服务的重要方向，同时，蓬勃发展的家族办公室行业也吸纳大量专业人士转型成为职业经理人，进一步促进家族办公室行业的专业度以及多样性的不断提升。

可以预见，国内家族办公室行业发展面临诸多机遇和挑战，但治理与合规将是行业发展的主线。家族办公室的健康发展需要完善的治理架构以及制度规则的推动，有效的治理体系可以较好平衡家族内部、家族与职业家办经理人、家办与外部客户等群体之间的利害关系；同时，域外成熟市场的监管合规经验的持续导入，必将激发家族办公室行业的大量合规需求，从而推动中国家族办公室行业的健康发展。

通过本章的介绍，相信大家会对家族基金会形成新的认识。作为主要的家族治理传承顶层结构，家族基金会在不同国家和地区的运用可谓丰富多彩，家族基金会和其他架构或工具的组合运用也令人眼花缭乱。随着基金会法律法规的不断完善以及私益和混合型基金会逐渐被社会各界所接受，我们有理由相信家族基金会的发展空间会越来越广阔。

参考文献

[1] 安秀梅，田婧，等 . 中国慈善税收操作指引 [M]. 北京：经济科学出版社，2021.

[2] 柏高原，高慧云 . 家族慈善基金会——家族的，还是社会的？ [J]. 家族企业杂志，2018（9）：87.

[3] 陈科军 . 家族财富管理战略：控制与传承 [M]. 北京：法律出版社，2020.

[4] 国旭 . 家族财富传承密码 [M]. 北京：中国法制出版社，2021.

[5] 韩良 . 家族信托法理与案例解析 [M]. 增订版 . 北京：中国法制出版社，2018.

[6] 基金会中心网 . 美国家族基金会 [M]. 北京：社会科学文献出版社，2013.

[7] 李强，李繁，项乐 . 家族企业治理 [M]. 北京：经济科学出版社，2020.

[8] 李韬 . 沉默的伙伴：美国现代慈善基金会研究 [M]. 北京：中国社会出版社，2008.

[9] 李文 . 中国家族财富管理发展报告（2020—2021）[M]. 北京：社会科学文献出版社，2021.

[10] 李秀娟，张燕 . 当传承遇到转型：中国家族企业发展路径图 [M]. 北京：北京大学出版社，2017.

[11] 李泳昕，曾祥霞 . 中国式慈善基金会 [M]. 北京：中信出版社，2019.

[12] 陆璇 . 基金会实务一本通 [M]. 北京：法律出版社，2021.

[13] 深圳国际公益学院家族传承研究课题组 . 中国家族慈善指南 [M]. 北京：北京时代华文书局，2021.

[14] 唐兆凡，姚辑 . 家族办公室理论与实践 [M]. 北京：中国财政经济出版社，2020.

[15] 韦祎 . 中国慈善基金会法人制度研究 [M]. 北京：中国政法大学出版社，2010.

[16] 新财道财富管理股份有限公司 . 家族财富管理之道：目标管理下的系统规划 [M]. 北京：中国金融出版社，2017.

[17] 许宁，任培政，李书彦 . 家族基金运作 [M]. 北京：经济科学出版社，2022.

[18] 张钧，蒋松丞，张东兰，等 . 对话家族顶层结构：家族财富管理整体解决方案的 27 堂课 [M]. 广州：广东人民出版社，2019.

[19] 张晓冬 . 基金会法律问题研究 [M]. 北京：法律出版社，2021.

[20] 张智慧 . 中国家族办公室管理前沿 [M]. 上海：复旦大学出版社，2019.

[21] 中国信托业协会 . 慈善信托研究 [M]. 北京：中国金融出版社，2016.

[22] 中国银行业协会，清华大学五道口金融学院私人银行研究课题组．中国私人银行发展报告（2021）[M]. 北京：中国金融出版社，2022.

[23]McCoy J, Miree K. Family Foundation Handbook（2012)[M]. Chicago：CCH Inc.，2011.

[24]Monetary Authority of Singapore. Reply to Parliamentary Question on Family Offices Registered in Singapore [EB/OL].（2022-07-04）[2022-10-14]. https：//www.mas.gov.sg/news/parliamentary-replies/2022/reply-to-parliamentary-question-on-family-offices-registered-in-singapore.

[25]UBS，Campden Wealth Research. The Global Family Office Report 2019[EB/OL].（2021-09-24）[2022-10-14].https：//www.slideshare.net/CEOPOLSKA/the-global-family-office-report-2019-ubs.

第三章

家族顶层结构的实践之二：家族信托

第一节　家族信托的基本概念

　　家族传承和家族治理是每个高净值家庭发展到一定阶段必然面临和思考的问题，而家族信托是国内外高净值家庭在财富传承中运用的一种顶层结构。家族信托可以帮助高净值人士保护、管理和传承财富，让财富实现保值、增值，并按照委托人的意愿进行分配；家族信托也是家族之外的另一个源泉，它独立于家族现有财产之外，却又可以在需要的时候向家族提供财富。当家族面临风险时，它将按照委托人意愿，继续灌溉"家族生命之树"，成为保障家族成员生活的重要后盾。

一、发展历史

　　一般认为，近代信托起源于中世纪的英国，当时流行着一种称为用益制度（Use），即用益设计的做法，其内容为甲将自己的财产转移给乙，约定由乙为丙的利益管理、处分该财产。13世纪时，英国教会权力达到巅峰，许多教徒会将其土地捐赠给教会，但按当时的法律规定，教会持有土地是免税的，因此对于英国王室而言，教徒将大量土地捐赠给教会影响了其税收收入。于是，英国国王颁布了《没收条例》，禁止将土地捐赠给教会，否则一概没收。为了规避法律限制，教徒们利用了用益制度，即将土地转让给第三人，由第三人受托管理土地，约定收益归教会所有，土地的实际受益者仍为教会。后来该制度还广泛用于规避当时英国法律确定的长子继承制以及土地变动的繁重税费等。[①]

工业革命后，随着个人资本的积累，信托的作用也由消极规避法律转为财产管理，这也是家族信托的初级形式。20世纪初，随着英国移民潮进入美国，信托制度也被引入，但当时家族信托设立方式较为单一。[②]在美国金融及资本市场逐渐建立与完善后，许多州关于家族信托的法律也变得更加灵活。尤其是在美国联邦遗产税高税率的背景下，高净值人士更青睐于通过家族信托的架构来合理节税。日本是大陆法系国家中较早引入信托法的国家，于1922年制定了信托法，2016年新法修改了旧法"重商轻民"的立法理念，从而促进了以家族信托为代表的民事信托的发展。[③]

我国与家族信托有关的法律体系，主要是以《信托法》为基础的"一法两规"的信托法律基础框架，其他涉及家族信托且有较大影响力的相关法律和政策，主要有《民法典》和2019年最高人民法院发布的《全国法院民商事审判工作会议纪要》，另外，《关于加强规范资产管理业务过渡期内信托监管工作的通知》（信托函〔2018〕37号，以下简称37号文）、《公司法》、《证券法》和相关税法制度等都与家族信托业务息息相关。

---

① 中国信托业协会. 信托法务 [M]，北京：中国金融出版社，2021.
② 刘金凤. 海外信托发展史 [M]. 北京：中国财政经济出版社，2009.
③ 赵廉慧. 日本信托法修改及其信托观念的发展 [J]. 北方法学，2009（4）：154-160.

2018 年 3 月，原银监会信托监督管理部下发了 37 号文，首次对家族信托进行了定义。2022 年 4 月，银保监会就《关于调整信托业务分类有关事项的通知》征求意见，以信托目的、信托成立方式、信托财产管理内容作为分类维度，将信托业务分为资产管理信托、资产服务信托、公益 / 慈善信托三大类；其中家族信托的概念与 37 号文的定义相同，分类的从属关系为"信托—资产服务信托—财富管理受托服务信托—家族信托"，家族信托与保险金信托、遗嘱信托、特殊需要信托等为同一平行子级。

虽然我国的信托法制定相对较晚，但家族信托业务正处于起步和快速发展的阶段。2012 年，平安信托发起了国内首单家族信托，规模 5000 万元，期限 50 年，被业内称为首单"信托公司主导型"家族信托；2013 年，招商银行联合外贸信托成立了首单"私人银行主导型"家族信托；同年 9 月，北京银行和北京信托的合作被认为开启了"私人银行与信托公司合作"的新型模式。① 此后，各金融机构纷纷发力开展家族信托业务，业务开展逐渐呈星火燎原之势。

根据中国信托登记有限责任公司数据显示，截至 2021 年末，家族信托存量规模已达 3494.81 亿元。面对巨大的蓝海市场，信托公司、私人银行、商业银行、第三方财富公司、独立家族办公室、证券公司、保险公司、公募基金、律师事务所等机构陆续开展境内家族信托业务。此外，境外咨询机构、银行、证券公司也纷纷成立家族信托业务部门，欲从市场中分一杯羹。

---

① 刘宁辉，等 . 私人财富管理理论与实务 [M]. 北京：企业管理出版社，2020.

近年来，信托公司转型回归信托本源业务，家族信托业务模式创新迭出，例如 2019 年，建信信托完成了首例上市公司股票置入家族信托业务。2022 年，浙商金汇信托股份有限公司（以下简称浙金信托）作为家族信托的受托人，落地了澳大利亚税务居民受益人信托；作为慈善信托的受托人，协助慈善机构开具了全国首张有地方政策支持的、慈善信托执行人向委托人开具的捐赠票据。随着国内财富管理行业的深化改革和高质量发展，未来家族信托有望成为中国高净值人士的标准配置。

二、主要功能

（一）风险隔离

高净值人群在财富传承过程中，面临着各种难以预见的风险。常见风险有：企业经营风险、债务及担保风险、资产代持风险、婚姻风险、人身意外风险等。上述风险一旦发生，财富传承将受到极大影响。[①] 与保险等金融工具相比，家族信托在风险隔离方面具有天然的制度优势，俨然已成为高净值人群在财富管理中首选的风险管理工具。我国《信托法》第十五条规定：信托财产与委托人未设立信托的其他财产相区别。2019 年，最高人民法院发布的《全国法院民商事审判工作会议纪要》第九十五条重申了信托财产的独立性。由此可见，委托人设立家族信托后，其信托财产的风险隔离功能具有法律上的依据和保障。

---

① 李升.财富传承工具与实务：保险·家族信托·保险金信托 [M].北京：中国法制出版社，2018.

（二）保障与激励

委托人可以通过家族信托分配机制的设置，实现家族成员的生活保障，并对家族成员的学业、事业等方面进行充分激励。相比于生前赠与和身后继承两种传统的分配工具，家族信托在达成和谐分配和灵活分配目标方面发挥着不可替代的作用[①]，具体区别如表 3-1 所示。

表 3-1 家族信托与生前赠与、身后传承的区别

分配类型	家族信托	生前赠与	身后继承
和谐分配	1. 对多子女、再婚重组家庭，通过家族信托可以实现财富的和谐分配 2. 基于家族信托的保密性，可以缓解婚前协议等对家庭成员感情的破坏	分配不均极易引起家庭成员不平衡的心态	遗嘱或者法定继承极易发生纠纷
灵活分配	1. 充分尊重委托人自身的意愿进行传承安排 2. 在专业的业务团队协助下，可以灵活变更信托分配方案	赠与人赠与行为完成后，不能擅自撤销，失去对财产的控制权，无法对受赠人行为进行约束	1. 法定继承无法体现被继承人的意志 2. 遗嘱相对容易引起争议 3. 在遗产管理人制度尚未完善的情况下，缺少专业的管理人主持遗产分配，可能无法完全执行复杂的遗产分配方案
引导成长	家族信托的分配方案可设置为引导机制，引导受益人的生活、学业和事业发展	受赠人一次性拿到巨额财富，极易养成挥霍习惯	财产分配方案相对确定，尤其是对独生子女家庭而言，缺少引导继承人积极向上的动力

---

① 新财道财富管理股份有限公司. 财富管理视角下的家族信托规划 [M]. 北京：中国金融出版社，2019.

（三）财富传承

在我国，传统的财富传承往往通过继承机制实现。相对而言，家族信托在财富传承上具有显著优势。在普通继承机制下，继承机制从上一代去世便启动直到下一代得到家族财富即结束，财富完全由第二代掌控。家可传，业难传，如果第二代存在挥霍等不良嗜好，则家族财富很快就会挥霍殆尽。"富不过三代"正是通过继承机制进行财富传承的过程中所面临的头等难题。但是，如果委托人将家族资产委托给信托公司，指定家族后代为受益人，由信托公司作为专业受托人负责守护家族资产，则能明显提高家族财富代际传承的成功概率。即使委托人后代出现挥霍、意外、婚变等各种负面情况，家族财富也可免受影响，从而确保家族财富安全稳健地传承。

案例 3-1 沈殿霞的家族信托

1987 年，香港著名艺人沈殿霞以 42 岁高龄产下郑欣宜。2007 年，在孩子不满 20 岁时，沈殿霞不幸因病离世。考虑到其离世时孩子正值懵懂青春期，不懂理财，随意挥霍的可能性较高，为了能更长久地照顾孩子未来的生活，沈殿霞生前在信托公司设立了一个家族信托，自己为委托人，指定前夫郑少秋及信赖的好友为监察人，将名下的不动产、珠宝、银行存款等各类财产置入家族信托。

作为家族信托的受益人，郑欣宜每月可以从信托中领取固定金额作为生活费，在满足特定条件如结婚时，可以领取部分资金；同时信托合同中特别约定，郑欣宜35周岁之前只能支取收益，35周岁后方可支配信托本金。沈殿霞的家族信托方案体现了一个母亲对儿女的浓重爱意，也正是通过信托方案条款的设置，确保在其离世后，家族信托能从经济上保障幼女的生活，引导幼女的成长，助力家族财富的向下传承。

（四）财富保值增值

家族信托成立后，信托财产可交由信托公司进行专业管理，信托公司作为受托人，可根据委托人不同的风险偏好，跨行业、跨领域进行资产配置，实现信托财产保值增值。在漫长的存续期间内，信托财产投资所得的收益可以进行复投，逐步实现滚雪球式的增值效果。委托人也可以为家族信托设置独立的投资顾问，向受托人出具投资指令，受托人根据投资顾问的指令对信托财产展开管理和运用。实践中，委托人可能指定其信赖的银行、证券公司等机构来担任家族信托的投资顾问。在投资顾问的协同下，家族信托充分发挥着财富保值增值的功能。

在家族信托架构下，可投资种类也非常丰富，可以配置不同服务机构发行的各类金融产品，如券商资管产品、公募产品、私募产品、股权、合伙企业份额、保险产品、不动产等。丰富的投资种类有利于家族信托构建最优资产配置组合，实现受益人利益最大化。

（五）隐私保护

委托人设立家族信托后，原来在个人名下的资产转移到受托人名下，可以有效实现家族资产隐名化，充分保护客户及其家族隐私。我国《信托法》第三十三条规定："受托人对委托人、受益人以及处理信托事务的情况和资料负有依法保密的义务。"此外，我国《信托公司管理办法》第二十七条还规定："信托公司对委托人、受益人以及所处理信托事务的情况和资料负有依法保密的义务，但法律法规另有规定或者信托文件另有约定的除外。"在上述法律法规的要求下，信托公司内部也针对家族信托建立起了最高等级的信息保密制度，确保必要人员知晓家族信托的相关信息，非必要人员完全与家族信托涉密信息隔离。家族信托的隐私保护功能不仅能防止家族之外的人知晓家族内部事项，在家族内部也能够实现分级保密。家族信托受益人之外的人无法知道家族信托关于财富传承的安排，能够有效避免继承人之间过早了解家族财富传承安排而出现内部矛盾，影响财富传承。[①]

---

① 新财道财富管理股份有限公司 . 财富管理视角下的家族信托规划 [M]. 北京：中国金融出版社，2019.

第二节　家族信托的法律制度

　　家族信托不是一个法律概念，而是专门用于家族治理和家族传承目的而做的一类信托制度安排。因此，要理解家族信托首先要理解信托。当代中文语境下的信托制度起源于中世纪的英国，英文为 Trust。后来随着英国的文化辐射而被传到世界各地，包括所有普通法系国家，并最终借道美国和日本传入中国。信托制度中的重要概念，如信托、委托人、受托人、受益人等的中文表述都借鉴了日语相关词汇。应当注意的是，很多大陆法系国家也有类似于信托的法律制度安排，比如德国、法国、意大利，但这些"类信托"与起源于英国的信托制度没有"血缘关系"，影响力也远不及后者。大陆法系国家中，除了东亚国家和地区，还有不少老牌大陆法系国家也在尝试引入信托概念或类似的制度安排。这一方面与英国、美国所代表的英美法系国家总体对当今世界经济、商业、文化的强大影响力有关，另一方面也是与英美信托制度本身的特点有关。本节具体从英国与美国的信托法律制度以及日本的信托法律制度展开介绍。

一、英美信托法律制度

简单来说，英美法系下的信托制度是对传统大陆法体系下的"僵硬"的物权定义和内容进行自由但合理分拆的一种制度安排。传统物权体系下，物权相对于债权来说是一种"绝对权利"，其权利内容相对固定、不可分拆，其权利表象相对公开、一致，往往伴随着对外公示或登记制度。但信托制度恰恰相反，它允许对所有者的名义（显名）权利、实控权、用益权、分配权等权利内容进行"私下"分拆并分配到多个权利主体身上。具体来说，信托制度允许信托的创设人（即委托人）将信托财产转让到受托人名下，但并不把实控权、用益权、分配权等实际权利内容转让给后者，而是给受益人。这种三角形的权利分配安排可以有无数可能，因此信托制度也自然具有非常大的灵活度，甚至能够在不同国家完全不同的商业和生活领域得到广泛应用。

家庭继承和家族传承是信托最初产生时的主要应用领域，信托显然可以解决很多原先在大陆法制度中被限制、被课重税或者不方便完成的财产转让问题。例如在美国等遗产税、资本增值税税务负担较重的国家，高净值个人在进行财富管理时会考虑合理避税问题，而信托（特别是家族信托）往往可以给税务规划带来更多空间。再比如，信托安排也可以解决代际传承中的过渡难题，即如果被继承人去世，但其未成年子女尚未有能力管理财产，将财产委托给受托人管理而将未成年子女设定为财产受益人是一种合理的安排。为了保证受托人能够尽心履职，信托制度还可以允许采取设定和任命保护人等更多的财产管理和监督制度安排。正是因为信托制度安排的灵活性，在英美等发达普通法系国家，家族信托几乎是所有高净值家庭必备的财富管理和传承工具。

与信托安排的灵活性相对应的，是各国和各个法域对信托的监管法律环境的多样性和复杂性。由于信托可以被用于几乎所有与财产安排相关的领域，如家庭传承、税务规划、慈善项目管理、投资理财、资产证券化、债务风险隔离、破产管理等，而每一个领域都需要将信托制度与传统的物权制度相衔接，这导致了各个国家对信托的定义、承认、解释和执行等诸多方面的处理方式差别很大。即便在英国和美国这两个信托制度和信托业务最发达的传统"信托大国"，信托的法律监管框架也有较大区别；特别是在税务领域，同一个信托架构可能因为受到不同法律的管辖，而产生完全不一样的法律后果。

但总体来讲，在英美法系国家，对信托基本架构的规范、承认和保护力度是较为一致的：首先，明示信托的成立条件是大致相同的，都需要具有民事能力的设立人（即委托人）、受托人和信托财产、设立信托的意愿、受益人或符合公共利益的慈善目的等，不需要合同；其次，除了明示信托，还有多种拟制信托的情形，也被承认和保护；再次，信托具有区隔财产和在一定条件下的破产隔离的作用，信托财产既不属于委托人，也不属于受益人，同时与受托人的其他财产也不可混同对待；最后，委托人可以在很大程度上自由设定信托架构、自由设定受托人和受益人的权利和义务，但受托人的基本义务是有底线的，这是数百年来无数案例和先例所夯实的受托人基本义务，也称为"信义"义务，包括勤勉、忠实等。信托制度在英美等国家能够长盛不衰的一个原因，也许正是这些国家的人们对于信托所体现出的信义精神的认可。

二、日本信托法律制度

日本法律中没有专门的家族信托的法律概念，用于家族财富管理和传承的信托工具包括民事信托和公益信托。用于家族财富管理和传承的民事信托类型包括连续继承信托和遗言代用信托，这两种是日本《信托法》中所规定的法定信托类型，一般而言，这两种信托会结合在一起使用。除了这两种法定信托类型，在实际运用中，依据信托的一般法理，还发展出了指挥权信托。指挥权信托一般也会和前两种信托结合使用。根据日本法务省民事局参事官室和日本农林水产省的立法说明，连续继承信托和遗嘱代用信托一般仅用于中小企业的财富管理和传承，而用于大型企业的家族财富管理和传承工具在日本法律上为公益信托。主要原因有两点：一是公益信托的设立相较于民事信托而言更加复杂，二是公益信托拥有免税资格而民事信托没有。为了概念的完整性，以及为了能够让读者充分理解两种信托的不同应用场景，下面将分别介绍这两种信托。

（一）日本家族信托法律制度

按照分类，日本的家族信托属于日本民事信托（即非营业信托）的一种，相比于商事信托（即营业信托），其最大的特点是受托人的范围不限于信托银行，以及其非营利性。其中处于家族财富传承核心的信托类型，包括连续继承信托、指挥权信托以及遗言代用信托。

1. 民事信托的优点

第一，日本《民法典》中虽然也有针对成年人的成年后监护制度，但是由于管理的复杂性，法律原则上要求使用成年监护制度时，聘用第三方专业人士管理财产；或者执意由亲属管理财产的话，则需要定期向日本地区家庭裁判所报告管理情况并提供书面证明材料。相较之下，如果使用遗言代用信托的话，则在操作上更具灵活性，信托管理人可以在保留亲属管理权限的同时，不需要向任何机构报告管理状况，即可自由处分财产。

第二，民事信托可以用于隔离个人破产的风险。因为信托财产既不属于委托人财产，也不属于受托人财产，所以其可以避免破产时被委托人和受托人的债权人追索，从而达到隔离委托人或者受托人破产风险的目的。

第三，民事信托可以用于二次继承以后的财产安排。根据日本《民法典》的规定，所谓二次继承是指遗嘱最多只能指定到第二顺位继承人，而第二顺位继承人之后的指定继承并不受日本

《民法典》的支持。相反，连续继承信托可以突破日本《民法典》中关于继承顺序的规定，其可以在信托文件中指定至任意顺位继承人。

第四，如果使用遗嘱代用信托，则可以避免遗嘱的不稳定性。遗嘱的不稳定性主要表现在遗嘱可以在成立后被更改：一是遗嘱在成立后，经过遗嘱人的意思表示可以被撤回或者更改，这种情况经常发生在遗嘱人神志不清的时候；二是遗嘱可以在成年后监护人同意的情况下更改；三是遗嘱在被继承人达成合意的情况下，可以违背遗嘱的内容。而信托文件一旦生效，一般无法被更改。无论是委托人还是受益人都很难改变信托文件内容，除非信托管理人严重违反信托文件精神，以及严重侵害委托人或者受益人的利益。

第五，民事信托可以将共有的不动产所有权集中在受托者处管理，而并不需要处理被分割的不动产的所有权，只需要在相关登记机关登记受托人姓名即可，这有助于缓解因不动产共有分割继承问题而引起的纠纷。

第六，日本民事信托与公益信托最大的不同点在于，家族民事信托受托者范围很大，不限于信托银行，任何具有行为能力的人都可以成为家族民事信托的受托人，这极大地方便了家族民事信托的建立。

2. 民事信托的风险

第一，民事信托没有节税的效果，财产转入信托之时虽然不课税，但是向受益人分配财产时会课税，这一点是民事信托未广泛应用于大规模家族和企业财富传承的原因。

第二，民事信托具有和成年监护制度不同的作用。其仅能处理财产性权利，而无法处理人身权利，比如安排被监护人进入养老院等。为了规避可能带来的对委托人（即遗产被继承人）的风险，最好和成年监护制度共同运用，即在财产性权利处分方面依托民事信托，而在人身性权利方面利用成年监护制度。

第三，虽然日本《信托法》要求受托人承担忠实义务、善管义务和分别管理义务，但是和一般信托强制信托银行管理相比，其信托义务更弱。所以一般而言，需要安排第三人对受托人的行为进行监督。这样的第三方包括信托监督人、受益者代理人和信托事务代行者，其中信托事务代行者是由日本《信托法》第二十八条设置的专门职位。

第四，日本《民法典》中继承部分的规定相较于中国《民法典》而言对被继承人法定继承权利的保护更强，尤其在 2019 年日本《民法典》修订以后，其从成文法层面否定了遗嘱的绝对效力。但是即便在修法之前，由于日本继承法里有"遗产部分"制度，所以从法理上遗嘱不能完全排除法定顺序继承人的权利。在该制度下，如果遗嘱指定第三人为唯一继承人，而完全不留给配偶或者长子长女继承财产，则很有可能被法院认定为不当侵害了被继承人的"遗产部分"，而被认定为无效遗嘱。这点虽然未在继承法中明文规定，但是根据东京地方裁判所的 2018 年 9 月 12 日判例，该行为无效。而又根据日本《信托法》第九条的规定"信托不得规避法律"，以及《民法典》第九十条的规定"以违反公序良俗为目的的法律行为无效"，所以即使使用遗嘱代用信托，如果侵害了法定被继承人的"遗产部分"，则很有可能会被认定为使用信托规避法律而无效。

第五，虽然为了保证家族企业的股权维持在家族手中，经常会使用指挥权信托，利用委托人和受托人相互制衡，将一部分处理股权的权利保留在委托人手中。但是，如果不当处理，依据日本《公司法》第三百一十条第二项关于不得不当侵害股东权的规定，指挥权信托有一定概率被认定为不当侵犯了股东的权利而无效。

（二）日本公益信托法律制度

日本公益信托，由日本《公益信托法》规范。在该法律下，公益信托可以分成三种类别。第一种是公益信托，由于该名词和中国的公益信托的概念相重合，故后文称其为一般公益信托。其概念是在受益人不确定的信托中，以学术、技艺、慈善、祭祀、宗教以及其他公益目的设立的信托。另两种类别为特定公益信托和认定公益信托。就特定公益信托而言，法律规定其必须经过行政机关许可设立，信托文件必须规定剩余财产不能回转给委托人，信托财产仅限于金钱。就认定公益信托而言，法律规定其必须经过行政机关许可设立，并且仅限于 11 个种类：自然科学、人文社科、学校、学费、艺术、文化财产、发展中国家支援、保护野生动物、保护环境、国土绿化、社会福利。

日本公益信托具有以下特点：

第一，其并非一定遵循近似目的原则，官宫厅可依据职权裁量。

第二，遵循税收三段论原则，但三种类型的公益信托的税收豁免程度不同：一是对于一般公益信托而言，其需要课征个人遗产税和法人税，即在税收方面并无优惠。二是对于特定公益信托而言，其针对个人遗产税不扣税，针对信托收益不课税，针对法人捐赠则视同损失。三是对于认定公益信托而言，其针对个人捐赠的扣除金上限可达收入的 25%，个人遗产税不扣税，法人收入不计入损失额，并且另外计算扣除金。

第三，其设立需要得到官宫厅的许可，并且官宫厅的类型多样，并不局限于某个部门，而是受到其开展业务的部门管辖。

第四，对于所有类型的公益信托而言，其捐赠的财产都有种类和目的的限制：一是针对财产而言，捐赠的种类只能是现金。因为信托并未产生所有权转移，所以如果未来资产价格发生变化，那么在资产价格产生变化的部分的课税问题上会产生争议。二是针对捐赠目的而言，捐赠只能运用在指定的公益目的上。

第五，对于信托管理人而言，只能由信托银行担当。这也是其与家族信托最大的不同点之一，但是其也因此拥有比家族信托更高的信托义务。

第六，其必须配备信托管理人和运营委员会。其中信托管理人负责监督受托人职责的履行，而运营委员会由公益信托目的领域的专家学者组成，负责根据受托人的推荐对资助对象进行遴选，并且还需要以受托人的辅助者身份，对重要事项提出建议和给予劝告。

另外，目前很重要的一个进展动向是日本公益信托法律正在改革，特别值得关注。由于日本同时存在公益信托和公益法人制度，公益法人的利用率远高于公益信托。2021 年的统计数据显示，日本的公益信托仅有 580 家，受托总财产 580 亿日元左右，而相比较而言，日本的公益法人共有 2.6 万家左右。究其原因，主要有以下两点：其一，公益信托的设立需要经过主管官宫厅的批准，而公益法人并不需要；其二，由于公益信托法人的税制改革不配套，目前受托财产类别仅限于现金。为了进一步扩大公益信托的运用，2019 年日本学界经过数年讨论，通过信托法审议委员会，将有关公益信托的修订草案提交至日本法务省审议。改革的方向主要有以下几点：

第一，扩大信托财产类别。统一采用公益法人税制，即利用财产权视同转移和财产权视同捐赠，来规避财产所用权在信托法中不明的问题。

第二，扩大信托管理人范围。不仅限于信托银行，还可以是其他公益法人。

第三，废止主管官宫厅事前许可制，改为事后监督。即利用运作成熟的公益法人判断标准来判断公益信托的公益性，进一步规范信托治理，允许委托人对违反信托目的的受托人提起诉讼。

第三节　家族信托的主要类型

　　家族信托被誉为财富管理行业"皇冠上的明珠",是信托公司回归本源业务的转型方向。与一般业务相比,家族信托的客户群体需求更多样化,相应的服务要求更高,目前业内主流的信托公司大多会配备金融、法律、财务、税务、资产配置等专业人员构成的家族办公室团队,以便全方位地满足客户需求。同时,信托公司联合银行、证券公司、律师事务所、税务师事务所等专业机构,形成家族信托业务的生态圈,丰富家族信托的业务品类。尽管我国《信托法》将信托分类为民事信托、营业信托和公益信托,对家族信托没有具体的分类规定,但实践中,各服务机构从不同的角度对家族信托业务进行了归类。

一、按信托是否定制分类

　　根据提供给客户的家族信托方案是否为标准化产品进行分类,业内将家族信托分类为标准型及定制型两大类。高净值人士要设立一个家族信托,需要确定信托目的、信托财产、信托受益人、信托受托人、信托利益分配方案、信托期限、信托财产管理方式等信托要素，这些要素的组合会构成一个信托方案。

标准型家族信托，其标准化主要体现在信托利益分配方案、信托财产管理方式、合同双方权利义务、信托设立流程等方面，一般面向设立规模不大、客户需求简单、家庭结构简单的高净值家庭，通常设立的规模在 1000 万～ 3000 万元之间。在设立标准型家族信托时，信托公司一般会提供标准化的信托利益分配方案、信托文件格式条款供委托人选择。一方面，对高净值人士而言，若选择标准型家族信托，项目设立流程会适当简化，可以较快完成信托项目落地，时间效率高；另一方面，客户可以用相对较少的金额试水家族信托，实现其财富管理及传承的需求。

定制型家族信托，其定制化体现在家族信托设立要素的各个方面。根据委托人的个性化要求，对信托目的、信托财产管理方式、受益人范围、受益权比例、信托利益分配方案、信托期限等方面都可以量身定制，相对标准型家族信托而言更加能够体现高净值人士的个性化需求，能量身定制家族信托方案，为客户搭建完善的家族信托方案。信托公司会针对财富体量较大的家族信托客户提供各项优质服务，在一个较长的周期内，与客户保持密切联系，实时跟踪客户需求变化，调整信托方案架构来满足委托人及家庭成员的多方面需求。

家族信托业务已经被众多信托公司列为其战略转型的业务方向，为了抢占市场并从激烈的竞争中突围而出，目前不少信托公司都有标准型和定制型的家族信托业务，标准型家族信托可满足需求简单的高净值人士，而定制型家族信托则可满足需求多样且复杂的高净值人士。标准型家族信托方案一旦成熟，从信托方案本身而言，就难以体现各家信托公司的差异，因此越来越多的信托公司都在努力提高自身的综合服务能力和资产配置能力，以期在定制化家族信托服务中保持竞争优势。

二、按信托目的分类

我国《信托法》第六条规定：设立信托，必须有合法的信托目的。理论上来讲，信托只要不违反法律法规、不违反国家和社会公共利益、不专以诉讼或者讨债为目的设立信托等，委托人是可以按自己的意愿和目的设立信托的。当然，信托文件中必须载明信托目的，这是信托设立时的构成要件。从高净值人士的需求角度出发，其信托目的本身也可能是多样化的。从信托目的角度，结合家族信托的常见应用场景，也可以分为财富保护信托、财富传承信托、财富管理信托等类别。

财富保护信托系从财富安全和保护信托受益人的角度出发，一方面是对信托财产的保护，另一方面是对信托受益人的保护。委托人设立家族信托后，因信托财产与其个人财产相隔离，具备了债务隔离功能，能够起到财产保护的功能。实践中，以保护年长或年幼的家庭成员生活为主的保障信托设立得较多，此类家族信托设立的主要目的是通过信托工具为年长或年幼的家庭成员提供生活支持，根据受益人的年龄和健康状况特点，针对性地安排信托保障目的和信托分配方案。

财富传承信托系从财富传承角度出发，以家族财富的传承为主要信托目的。此类信托存续期间很长，设立时需要建立完善的受益人安排机制、信托财产管理机制等，且信托利益分配方案复杂，高净值人士需要选择富有经验的受托人共同完成信托结构的搭建。得益于我国长期稳定增长的经济环境，相当一部分人群已经累积了一定规模的财富，现在正面临退休或传承。不少高净值人士出于家族财富长远传承的目的设立家族信托，通过信托架构将财富平稳地传承给下一代，极力避免财富在代际传承中的各类风险和财富减损。

财富管理信托系从财富管理角度出发，对高净值人群而言，财富的安全保值只是其基本需求，在经济发展中实现财富的快速增值才是其重要的财富管理目的。不少高净值人群虽然具有较大规模的资产，但并不具备专业的投资能力及投资渠道，尤其是在早年间通过拆迁实现财务自由的一部分人群，在没有专业投资团队的支持下贸然进行投资，极有可能导致资产的大量减损或无法达到预期的投资效果。此类人群设立家族信托的目的，除了财富的保护和传承，往往具有较大的财富管理需求，因而会对受托人提出更高的资产管理能力要求。

在业务实践中，大部分委托人设立家族信托的目的并不单一，并不是简单地为某一目的而设立，而是同时包含财富的保护、传承、管理中两项或两项以上的目的。当然，实践中也存在以保障某一特殊受益人为目的的家族信托，或者为实现特定目的的信托。

三、按信托财产类型分类

2018 年，原银监会要求设立家族信托的信托财产金额或价值不能低于 1000 万元，但未对信托财产种类提出要求。按照信托法的规定，委托人合法所有且非法律、行政法规禁止流通的财产均可置入家族信托；法律、行政法规限制流通的财产，依法经有关主管部门批准后，也可以作为信托财产。[①] 根据信托委托人交付至信托不同的财产类型，家族信托可分为资金型信托、股权信托、不动产信托、保险金信托等。

资金型信托，是指以货币资金为信托财产的家族信托业务类型。委托人将其合法所有的货币资金委托给信托公司，由信托公司进行受托管理，实现委托人财富保护、传承和管理等目的。目前实践中，资金型信托是最常见的家族信托类型。

股权信托，是指委托人以企业股权作为信托财产设立家族信托的业务类型。委托人将其股权 / 股份 / 股票转移至信托公司后，信托公司成为标的企业的直接或间接股东，进行受托管理。

不动产信托，是指委托人以不动产作为信托财产设立家族信托的业务类型。过去 20 余年，国内房地产市场发展迅猛，很多高净值家庭持有较多的不动产，甚至不少高净值人士的主要资产就是不动产。实践中，不乏高净值人士存在设立不动产信托的需

---

① 《中华人民共和国信托法》第十四条，2001 年。

求和意愿，他们希望通过将不动产置入家族信托，实现家族财富的传承和风险隔离。

《关于调整信托业务分类有关事项的通知（征求意见稿）》规定，保险金信托是指单一委托人将人身保险合同的相关权利和对应的利益作为信托财产，当保险合同约定的给付条件发生时，保险公司按照保险约定将对应资金划付至对应信托专户，由信托公司按照信托文件管理。

目前设立保险金信托的人寿保险产品主要为年金险和终身寿险。委托人可以将其保单资产置入信托，部分保险公司和信托公司可将信托作为投保人配置保单，保单的受益人为信托公司，当发生保险理赔或者保险金给付时，保险公司将保险赔款或保险金汇入保险金信托专户，信托公司按照约定的方式对信托财产进行管理运用，同时对受益人进行利益分配。

保险金信托整合保险及信托的功能，兼顾客户身前保障和身后财富安排，实现了 1+1 > 2 的协同效应，客户可以同时实现资金杠杆、风险防范、财产独立、财富传承等功能。保险金信托设立门槛相对较低，部分信托公司低至 100 万元，可以成为高净值客户试水家族信托的一种方式。对于本身已经设立家族信托的客户，也可以将其所持有的保单置入家族信托。

以上是几种具有代表性且常见的信托财产类型，实践中高净值人士所拥有的财产类型更加多样化，可能会存在艺术收藏品、债权、专利权等财产类型，未来数字财产权利更加明晰后，也可能被置入家族信托。为满足客户的多样化需求，信托公司的业务模式也在不断创新和实践。

值得注意的是，鉴于信托财产登记有关的配套制度尚未出台，上述提到的不动产、股权等财产难以单纯通过信托文件实现所有权变更，而需以交易这种方式交付，税费成本不低，且交付过程往往涉及多个行政管理部门，手续繁琐，这也成为掣肘家族信托行业发展的一大障碍。

四、按信托财产的管理方式分类

委托人设立家族信托，需要将其财产权委托给受托人，由受托人管理或者处分信托财产。然而，中国的高净值人士往往既想运用信托的功能，又不想完全把财产的管理权交给受托人行使，于是，实践中出现了几种供委托人选择的家族信托业务类型，即全权委托型、部分委托型、指令型。

全权委托型家族信托，是指委托人将信托财产的管理权限全权委托给受托人，由受托人按照信托文件约定的方式和范围进行管理，受托人做出的具体投资决策无需获得委托人的书面同意。

部分委托型家族信托，是指由委托人对受托人建议的资产配置方案或者投资产品进行确认，受托人根据委托人确认的资产配置方案或者投资产品进行资产配置。此种类型的信托采用了一种中间平衡型的管理方式，委托人既没有完全将管理信托财产的权限授权给受托人，也没有把权限完全保留在自己身上，而是由双方共同协商确认。

指令型家族信托，是指委托人保留了信托财产的指示权，受托人根据委托人出具的信托财产管理运用指令行事。在这种管理方式下，委托人保留了对信托财产的指示权，但并不代表可以直接管理信托财产，而是要通过传递指令的方式指示受托人，受托人收到委托人的指令后进行产品配置。

第四节　家族信托的应用场景

近年来，随着国内经济的高速发展，高净值人群的数量和财富规模一直稳健增长，这部分人群面临的市场环境复杂，且需求多元化，传统的财富管理工具已不能完全满足其复杂的需求。家族信托作为一项重要的架构，在海外已成功服务许多富豪家族。国内开展家族信托业务的时间相比海外来讲虽然不算很长，但发展势头迅猛，家族信托在各类客户需求和应用场景下得到了较好的发展。以下主要从家族传承、财富保护和财富管理三个方面介绍家族信托的应用场景。

一、家族传承

家族传承是家族物质财富的物理转移，是家族精神财富的锻造过程，也是家族家风建设的必经之路。根据《2021 意才·胡润财富报告》，中国富裕家庭拥有的总财富已达 160 万亿元，其中：预计 18 万亿元财富将在 10 年内传承给下一代，49 万亿元财富将在 20 年内传承给下一代，92 万亿元财富将在 30 年内传承给下一代。对高净值家庭而言，创造财富之后，如何实现财富的代际传承是其即将面临且必须考虑的一个重要命题。参考境外发展实践，不乏一些高净值家庭已经运用家族信托架构，贯穿财富创造、财富积累和财富传承的全过程，实现家族财富的多代传承。目前境内服务机构也在结合我国高净值家庭特点，积极实践相关业务。

案例3-2 丁先生的家族财富传承方案

丁先生，65岁，历经中国经济的起伏浪潮，早已经完成财富的原始积累；其家族主要收入来源是家族企业经营分红，家族资产主要由企业股权、金融资产、房产等构成。丁先生作为家族创一代，对企业的经营管理掌握着控制权；丁先生有两个兄弟，随其一起创业，拥有公司少量股权。丁先生自己育有一儿一女，儿子已成年并接受过良好教育，但从事的工作专业方向和家族企业无关，目前无意接班，同时女儿尚未成年。随着日渐年长，如何实现财富代际传承和企业平稳过渡，是丁先生近年来思考的重要事项。

丁先生具有比较典型的创富一代画像，以下两个特点比较明显：

第一，白手起家，深知创富不易，对于财富的传承有自己的理解，希望下一代能传承其财富并保持下去。

第二，因子女接班意愿和能力、企业所属行业和经营状况等综合因素，企业资产能否实现多代的传承面临较大的不确定性。

一方面，丁先生希望能将财产平稳传承给自己的子女，乃至未来的家族后代，减少传承中可能会面临的一些财富风险；另一方面，丁先生希望能对子女未来的学业、成长、事业发展给予经济支持和正向引导，并保障自己家庭成员的生活。

在财富传承过程中，相较于赠与、遗嘱继承、法定继承等传承方式，家族信托具有更强的灵活性和功能性。委托人设立信托时，将个人／家庭财产转移给受托人，财产从个人持有转变为信托持有和管理，通过信托财产的独立性特征，确保财富在传承过程中始终在家族信托名下，不因婚姻变故、身故等产生财产分割。家族后代以受益人身份享有信托受益权，根据委托人在信托文件中约定的时间、方式和条件获得信托利益。信托既可以约定存续期限，也可以仅约定终止条件而不约定具体期限，家族信托可以贯穿财富世代传承的时间轴，因而具备助力财富家族世代传承的先天条件。

丁先生可以在信托公司设立一个如图 3-1 所示的家族信托，将现金资产置入家族信托，如必要且时机成熟，也可以将股权置入家族信托。丁先生可以安排两类受益人，一类为丁先生及其配偶，此类受益人可按固定时间或满足特定条件时分配信托利益，保障丁先生及配偶的日常生活；另一类为丁先生的子女和未来的后代，可以根据丁先生的意愿，给受益人设置包括学业奖励金、创业金、生活保障金等在内的定制化信托方案。

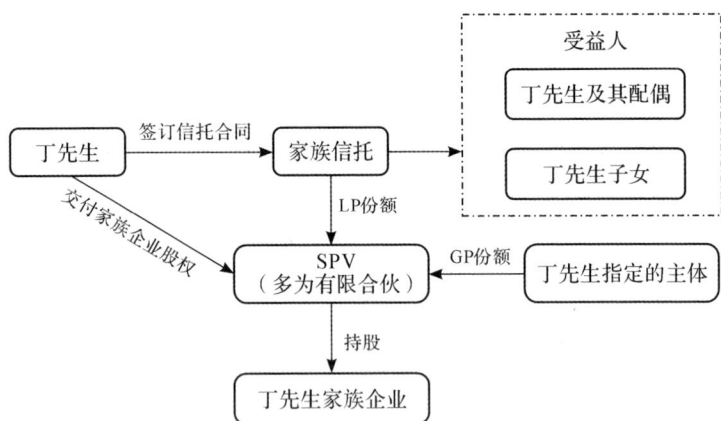

图 3-1　丁先生的家族信托传承结构

二、财富保护

相较于普通收入人群，高净值人群面临的风险对财富的影响会比一般人大很多。在财富世代传承的过程中，投资风险、企业经营风险、婚姻变故风险、人身意外风险等因素，都会给财富的传承带来较大影响。守富的难度不亚于创富，因此财富保护成为家族信托非常重要的应用场景。以下从债务风险、婚姻变故风险、意外风险三个角度来剖析家族信托如何实现财富保护的功能。

（一）债务风险

企业的发展离不开资金的支持，国内很多民营企业在经营发展过程中会向银行等金融机构融资，出于控制风险的考虑，金融机构往往会要求股东对融资事项提供连带责任担保。不少民营企业家也因此将家庭财富与企业财产捆绑起来，做不到有限责任公司事实上的"有限责任"。一旦企业经营出现困难，债权人无法从企业获得偿债款时，个人股东的家庭财富便会因为担保事项而被追偿，这是影响财富传承的一个很大的财富风险。

案例 3-3 小马奔腾事件

2021 年 7 月，中华人民共和国最高人民法院的一纸裁定书让小马奔腾文化传媒股份有限公司（以下简称小马奔腾）的陈年旧事重新进入公众视线。2011 年 3 月 22 日，李萍、李莉、李明作为甲方，新雷明顿公司（小马奔腾的前身）作为乙方，建银文化基金作为丙方（投资方），签订了《投资补充协议》，其中第 7.1 条约定，甲方和新雷明顿公司同意，若新雷明顿公司未能在 2013 年 12 月 31 日之前实现合格上市，则投资方有权在 2013 年 12 月 31 日后的任何时间，在符合当时法律要求的情况下，要求新雷明顿公司、甲方或甲方任一方一次性收购其所持有的公司股权。[①] 截至 2014 年 1 月 2 日创始人李明突然离世，小马奔腾仍未成功上市。这之后，建银文化提起一系列诉讼以实现其债权，最终按最高人民法院的裁定，李明遗孀金燕的再审申请被驳回，这意味着其在创始人李明身故后，金燕需要承担 2 亿元连带清偿债务。

[①] 中华人民共和国最高人民法院 . 金燕、建银文化产业股权投资基金（天津）有限公司合同纠纷其他民事民事裁定书 [EB/OL]. （2021-10-22）[2022-05-10].https：//wenshu. court.gov.cn/website/wenshu/181107ANFZ0BXSK4/index.html?docId=JGWeB5tetTlxAN mBg8qKUVwCXDwXJBCXh/UcA1g8Pjxk6jMn9fyfiZ/dgBYosE2g0UJ8kcdGqdxHssn0g fK2IawEyKEQsUj/EvOVxPYVpi+wROo+4CmvegtHC4jrQMbE.

在这个案例中，小马奔腾的创始人为吸引外部融资渠道，以个人名义签订对赌协议，在标的公司无法如期上市时承担回购义务，此举将其个人、家庭资产与公司经营牢牢绑定。若对赌事项成功实现，则各方获益，皆大欢喜；若对赌事项失败，将对家庭财富造成巨大冲击。本案例中，如果李明在签订对赌协议前，将部分闲置资产用来设置家族信托，指定受益人为其妻儿，家族信托财产与其个人财产相独立，那么其意外离世时，信托财产就不是其遗产。在对赌事项不能如期完成时，依据信托法律规定，投资方无法就这部分财产进行强制执行，通过该操作可以从经济上保障妻儿的生活，有效对冲生产经营失败对生活的影响。

家族信托作为一个债务隔离架构，委托人在其资产状况良好时提早规划，将其合法所有且不带优先受偿权的财产转移至家族信托，信托财产与委托人未设立信托的其他财产相区别[1]，也与属于受托人所有的财产相区别[2]。若未来企业运营出现问题，原则上除设立信托前债权人已对该信托财产享有优先受偿的权利、受托人处理信托事务所产生债务，债权人要求清偿该债务的、信托财产本身应担负的税款等法定情形外，信托财产不能被强制执行。[3]家族财富的传承存在着太多的不确定与风险，家族信托的债务隔离功能给委托人建立了一道"防火墙"。

① 《中华人民共和国信托法》第十五条，2001年。
② 《中华人民共和国信托法》第十六条，2001年。
③ 《中华人民共和国信托法》第十七条，2001年。

（二）婚姻变故风险

根据民政部公布的 2016—2020 年办理离婚手续的数据，可以看到近年来我国离婚数一直居高不下。离婚不仅是婚姻契约关系的解除，也意味着分家析产，会对高净值人士财富造成巨大冲击。在资本市场中，一直不乏天价分手费的新闻。2022 年 4 月 13 日，上市公司京泉华发布公告，公司实控人张先生、龚女士已办理离婚手续，张先生将其持有的公司限售流通股 15040525 股一次性无附加条件划转至龚女士名下，当日收盘价为 14.84 元，该部分股票价值约 2.23 亿元。[①]

对高净值人群，尤其是拟上市公司股东而言，公司一旦上市，其作为原始股东所持有的股权价值必然会大幅增值，若该增值行为发生在婚姻期间，配偶必然会要求分割这部分财产。那么如何避免这部分增值财产被分割？如何防止因离婚股权减少造成公司控制权流失？高净值人士可以在婚前设置家族信托，将其婚前财产转移至家族信托中，实现其个人财产和信托财产相隔离，转移至家族信托的财产在婚后取得的增值收益也不会被认定为共同财产。与婚前协议相比，婚前设置家族信托具有以下两个特点：一是无须未来的配偶签字；二是保密性较好，无须像婚前协议一样将婚前财产一一列示。

[①] 深圳市京泉华科技股份有限公司.京泉华：关于实际控制人权益变动的提示性公告 [EB/OL].（2022-04-13）[2022-05-12].https://data.eastmoney.com/notices/detail/002885/AN202204131558953717.html.

（三）意外风险

意外事件发生概率低，不易被预测，在生活中极易被忽略；但这种小概率事件一旦发生，对一个家庭的影响是不可磨灭的。

案例 3-4 游族网络继承事件

2020 年发生了一件震惊资本圈的事情，年仅 39 岁的 A 股上市公司游族网络控股股东、董事长林某被其同事许某投毒，不幸逝世。林某去世时，其直接持有上市公司股票 219702005 股，占公司总股本 23.99%。意外事件发生后，游族网络股价跌停，公司市值大幅缩水。根据游族网络公告，因原控股股东林某生前未设立遗嘱或遗赠扶养协议，其股票财产由三个未成年子女按法定继承顺序共同继承，三人的母亲许女士（与林某已离婚）作为三人的法定监护人代为行使这部分股票的股东权益。[①] 但公告次日，有博主发文称林某与其姐姐非婚育有一子并提起相应诉讼。按照《民法典》第一千零七十一条的规定，非婚生子女享有与婚生子女同等的权利。2021 年 10 月，红塔证券一纸诉状称林某作为融入方，将其持有的游族网络股票 3541 万股质押给红塔证券，开展股票质押式回购交易业务并签订相关业务协议，获得融资借款 2.3 亿元，林某的继承人作为质押标的证券的继承人，在享有财产权利的同时也应按合同约定履行相应的购回义务，诉讼金额合

[①] 游族网络股份有限公司. 游族网络：关于实际控制人将发生变更暨权益变动的提示性公告 [EB/OL]. (2021-01-12) [2022-05-11]. http://quotes.money.163.com/f10/ggmx_002174_6843323.html.

计 2.67 亿元。这些事件使得林某的遗产继承变得更为复杂。

意外风险难以预测，高净值人士可以做到的是提前规划，当意外来临时才有所保护。游族网络的案例中，因为林先生的意外离世，一方面，大额财产的继承陷入罗生门；另一方面，林先生存在"家企不分"，未对自己的资产设置隔离保护墙。年富力强的企业家往往将精力投在创造财富上，缺乏对财富传承和应对突发意外的极端情况的考虑。此外，子女在拥有足够的财富管理能力之前，贸然掌握大量的财富，也极有可能导致财富的快速流失，无法维持家族的长久、良性发展。家族信托是绝佳的风险管理工具，是实现家族财富保护最有效的方式之一，委托人和受托人可以在信托文件中约定信托受益人范围及信托受益权比例，避免意外事件发生时可能产生的不必要纠纷，为家人生活和家族企业的平稳健康发展提供机制保障。

三、财富管理

很多创一代在企业经营领域是专家，但在财富管理领域未必是行家里手。一方面，高净值人士想要提高财富的安全性，以便财富安全传承；另一方面，其也想保值增值，避免财富不因通胀、货币超发等原因导致购买力下降。在财富传承过程中，高净值人士除了拥有以企业股权为代表的经营性资产外，往往还有大量的现金、金融资产等非经营性资产，这些非经营性资产需要专业的管理，而家族成员是否具备财富管理、保值增值的专业能力是值得观察的。

尽管家族信托只是一个法律架构，但信托受托人能做的不仅仅是信托方案设计、信托利益分配、信托财产记账、信息披露等事务工作，专业的信托受托人具备一般自然人所不具备的资产配置能力。1997年，戴安娜王妃不幸因车祸猝然离世，留下了价值2100多万英镑的遗产。因戴妃生前已通过遗嘱方式立下信托，在其逝世后，信托立即成立，扣除850万英镑的遗产税后，信托财产规模接近1300万英镑。得益于受托人的投资管理能力及专业运作，10年后信托财产的收益已经接近当初投入的本金规模，成功地对抗通货膨胀，实现信托财产的稳健增值。

高净值人士的资产构成种类十分丰富，包括现金、金融资产、不动产、非上市企业股权、上市公司股票、收藏品等，多类型的资产需要跨市场的财富管理能力，这对管理人提出了较高要求。信托公司基于其信托牌照的特殊性，是唯一可以横跨货币市场、资本市场和实业投资领域经营的金融机构，委托人持有的来源合法且权属可以转移的财产均可转移至家族信托，通过信托设置一道安全防护墙，实现财富的安全保障诉求。同时，信托公司作为持牌金融机构，其本身配置有丰富的金融产品库及专业的投研团队，可以针对各种不同类型的资产，制定专业化资产管理方案，满足委托人的投资需求。

第五节　家族信托的前沿探索

一、家族股权信托

委托人设立家族信托的财产包括合法的财产权利。自改革开放以来，我国民间财富积累很快，涌现出了一大批民营企业家。根据胡润百富发布的《2021意才·胡润财富报告》，亿元人民币资产的超高净值家庭构成中，75%是企业主，企业资产占其所有资产的65%。由此可见，企业股权资产是超高净值家庭手中最主要的资产。企业家是国内设立家族信托的主要人群，存在不少将股权置入家族信托的需求。公开材料显示，目前资本市场中已有多家上市公司股东采用家族信托间接持有部分上市公司股票，大众熟知的马云、刘强东、孙宏斌等业界大佬均存在将其持有的公司股权置入家族信托的情况。对企业家而言，通过家族信托形成股权／股票管理平台，能更好地为家族成员利益服务。

案例3-5　睿昂基因的家族股权信托

2021年5月17日，存在家族信托持股的公司睿昂基因在科创板成功上市，睿昂基因的招股意向书显示，杭州贝欣股权投资基金合伙企业(有限合伙)持有睿昂基因1.5%，即62.516万股股权。根据天眼查进行向上股权穿透，杭州创纪实业有限公司持有贝欣股权投资8.65%股权，其中，某信托公司持有杭州创纪实业全资母公司99%的股权，其背后极大可能代表的是家族信托。

存在家族信托持股的公司能否在A股上市是近年来市场上的热点问题之一，过往实践中，监管部门会要求企业在IPO申报前清理信托计划、资管计划、契约型基金这三类股东，以确保公司股权清晰，避免实际股东人数超过200人的情形。2021年6月15日，沪深交易所发布了《关于进一步规范股东穿透核查的通知》，明确对于持股数量少于10万股或0.01%的股东，在合规原则下可不进行穿透披露。该通知对家族信托是一个重大利好，期待监管部门能对家族信托持股拟上市企业有更加开放的口径，在合法合规前提下，拓宽境内公司上市路径，助力实体企业的发展。

何为家族股权信托？从信托法和监管规定角度没有直接明确的定义，业内通常认为家族股权信托是以股权作为家族信托的信托财产时的一种业务分类。委托人将企业股权置入家族信托，可以起到助力企业传承、紧锁股权、避免代持风险、风险隔离等作用。一般情况下，家族股权信托有三种结构方式。

第一种结构是家族信托直接持有企业股权。在这种方式下，信托公司作为专业受托人代表，持有原本由委托人持有的股权资产，受托人直接作为公司名义股东履行相应职责，委托人要根据信托文件的约定，通过受托人影响公司决策。这种结构因管理便利性、各方权责履行、受托人意愿、税务筹划等多方面因素影响，在实践中运用得并不多。

第二种结构是家族信托通过控股公司持有企业股权。在这种方式下，委托人设立的家族信托下设控股公司，由该控股公司持有企业股权。企业的直接股东是中间层的控股公司，而非家族信托，也非委托人。这种结构具有一定的灵活性，在控股公司层面也具有一定的业务筹划空间，但是从税务筹划角度看，控股公司是独立的纳税主体，未来可能会涉及多重征税问题，而且委托人要通过家族信托、控股公司两层结构影响股东决策，因此在实践中较少采用。

第三种结构是家族信托通过有限合伙企业持有企业股权。委托人设立的家族信托下设有限合伙企业，委托人本人或者其控制的企业担任普通合伙人（GP），家族信托担任有限合伙人（LP），由该有限合伙企业持有企业股权。根据《合伙企业法》的相关规定"有限合伙企业由普通合伙人执行合伙事务"，由委托人或其控制的企业担任普通合伙人，有限合伙企业的日常运营由普通合伙人来进行，委托人可以通过对有限合伙企业的管理进而管理企业股权，该结构下委托人可以相对便捷地间接参与企业股权的管理，而且又具有较大的灵活性。对受托人来讲，仅代表家族信托担任有限合伙企业的有限合伙人，一般不参与合伙企业的日常事务，由委托人或者委托人控制的企业管理合伙企业具体事务。合伙企业本身不是一个纳税主体，其纳税问题由各合伙人自己负责。综合合伙企业架构的各种特点，实践中委托人设立的家族股权信托多采用此种结构。

家族股权信托是近年来行业内不少服务机构正在尝试的一个业务方向，但相比较易落地的资金型家族信托而言，家族股权信托还有不少需要探索和实践的课题。

（一）什么样的股权适合设立家族股权信托

各类调研报告显示，企业资产是超高净值人士最主要的资产，实践中也有不少企业家会向信托公司咨询其所持有的企业股权是否可以置入家族信托。高净值人士持有的企业股权，包括以理财为目的的股权投资和以企业经营为主的经营性股权两大类，前者性质的股权置入信托，业内也有称之为股权投资信托。以下所讨论的股权主要是指经营性股权。如何考量企业股权是否适合置入信托，应当是多维度的。

1. 可传承性

委托人设立的家族信托短则几十年，长则只设定终止条件而无具体期限，其存续期间很可能要经历代际传承，或者信托目的本身就是财富传承。考量股权是否适合置入信托，应当考虑该企业是否适合传承，比如企业所处的行业、企业传承的价值、子女是否愿意接班等综合因素。如果企业本身已经处于被淘汰的边缘，其可传承性就大大降低，此时设立家族股权信托的必要性就值得商榷。

2. 股权风险

就股权转移至受托人名下而言，受托人作为股权名义所有人，势必需要考虑股权转移的风险问题，常见的风险包括法律和财税风险。信托公司一般会对企业股权做尽职调查，评估其潜在的风险，比如出资是否存在重大法律瑕疵、是否已经实际到位、经营是否存在重大违规问题、是否存在重大的未决诉讼、企业纳税行为是否存在重大瑕疵等，这些都会影响企业股权置入信托的适合性判断。如果股权本身是"带病"置入，很可能会给未来的财富传承带来很大的不确定性。

3. 受托人的要求

国内担任家族信托受托人的绝大部分是持牌信托公司，信托公司要受中国银行保险监督管理委员会的监管，自身对业务的开展也有独立的合规风险控制要求，因此，对家族股权信托业务，受托人也可能提出自己的要求。以浙金信托为例，其会调查企业是否存在重大诉讼，参照监管的要求对企业所属行业做调查，例如是否属于高耗能、高污染、产能过剩的行业。另外，出于风险控制的考虑，也会对委托人再投资提出一定的要求。当然，各家信托公司开展股权信托业务的实施口径不同，有的信托公司尚未开展此类业务，有的信托公司在展业中不断提高要求，有的信托公司十分重视该类业务，这与受托人的战略和业务发展规划有关。

4.税费成本

委托人以股权作为信托财产设立信托，要将股权转移至受托人名下，无论是直接持有还是间接持有，都涉及股权所有权的变更。从设立信托的角度看，委托人将股权转移给受托人设立信托，是一种非交易行为，受托人不需要支付对价，委托人和受托人按照信托文件的约定办理财产转移手续。然而在实践中，市场监督管理部门和税务部门对信托财产的概念不甚熟悉，导致设立信托的过程中委托人和受托人很难凭借信托合同办理股权的变更登记手续。所以，信托服务机构不得不建议委托人采用先设立资金信托、后以资金信托购买企业股权的方式搭建股权信托架构，一旦涉及股权交易就可能需要缴纳相关税费。

（二）上市公司股票信托

根据中国上市公司协会发布的《中国上市公司2021年年报经营业绩快报》，截至2021年末，已经有4682家上市公司，总市值96.53万亿元。近年来，已经有越来越多的上市公司股东设立了家族信托，或者正在关注家族信托，不少上市公司股东存在将上市公司股票置入家族信托的需求，业内也已经开始探索实践。

高净值人士要将上市公司股票置入家族信托的交易过户环节，相对非上市股权而言更加严格，上市公司不仅要遵守《公司法》《证券法》，还要遵守按照中国证监会、证券交易所、中国证券登记结算有限责任公司等发布的规则。目前按照相关规定，股票只有在继承、离婚引起的财产分割、法人资格丧失等少数情形下才可以采用非交易过户方式，因此，实践中对于将股票直接置入家族信托的模式，无一不是采用交易方式，这也是无奈之举。

（三）家族股权信托的受托人声誉风险

尽管受托人在实践中常常采用通过持有有限合伙份额而间接持有企业股权的结构，对于委托人和受托人双方而言，在企业股权的管理上带来了一定的灵活性，但是企业经营风险本身给受托人带来的声誉风险是否得到控制还有待观察。近年来，家族信托业务逐渐形成规模效应，少数信托公司已经跨越了盈亏平衡点，并且形成了自己在这一领域的商业品牌和声誉。家族股权信托业务，因其持有的是委托人经营的企业股权，在漫长的信托存续期限中，其生产经营风险和法律风险存在较大的不确定性，一旦企业涉及重大的法律风险而具有社会面影响时，受托人的声誉难免会受到影响，因此，受托人开展这项业务需要保持谨慎。

二、境外税务居民受益人信托

中国的企业家群体中，移民或者获得境外永久居留身份的家庭越来越多，有统计数据显示，美国、加拿大和澳大利亚是最受中国移民申请人群欢迎的三个国家。这类财富家族有两个特点：①家族财富主要在中国境内，且大部分仍由家族创富一代持有，尚未完成财富的代际传承；②家族后代因移民境外或持有国外绿卡而转变为境外税务居民身份，其税务居民身份未来是否还会转回中国具有不确定性。上述家族在财富传承时至少会面临跨境财富传承和跨境税务筹划两大难题。家族后代以外籍人士身份继承父母在中国境内的遗产，总体上可以参照《民法典》《涉外民事法律关系法律适用法》等法律法规的规定继承遗产，但过程中仍可能会面临身份确认、公证、继承材料准备等繁琐的手续和流程，会大大增加继承的操作难度。另外，当具有境外税务居民身份的家族后代继承中国境内资产后，将会面临其税务居民身份所属国的征税问题，而且税赋往往比较高昂。因此，近年来有越来越多的具有多元化身份背景的财富家族，通过家族信托这一顶层结构来规划财富传承方案，在一定程度上递延家族所面临的征税问题和未来繁琐的继承手续。但是，运用家族信托规划传承方案时，因其信托受益人范围内包括具有境外税务居民身份的家族后代，需要考虑极为复杂的国内和国外双重法律环境，否则很可能达不到包括税务筹划在内的综合目的。这类存在非中国税务居民受益人的家族信托，称为境外税务居民受益人信托。

财富家族运用家族信托架构筹划传承方案，将原本可能通过遗嘱继承、法定继承或者赠与等方式传承的财富，在家族信托架构下提前做出规划，此时信托具有遗嘱替代的功能。具有境外身份的家族后代，通过家族信托获得先辈的财富可以避免不少继承所带来的繁琐手续和不必要的纠纷。然而，不少国家制定本国信托法的时间远远早于中国，而且制定了与信托相关的税法法规，其信托实践和对个人的征税监管手段都可能较为成熟。当一个在中国境内设立的家族信托存在境外税务居民身份的信托当事人时，就必须考虑该境外税务居民身份所属国的税法对该信托的税务影响，这会使得原本仅需要考虑家族自身需求的信托方案变得更为复杂。如果规划得好，既可以达到传承的目的，又可以起到跨境税务筹划的作用；如果规划不好，作为境外税务居民的家族后代很快会被税务身份所属国征税，还可能会导致信托本身面临复杂的征税问题。加拿大、美国、澳大利亚、英国、新加坡等中国高净值人群比较喜欢移民的国家的税法与中国的税法有较大差别，从税务筹划角度看，每个国家的税法对信托的影响都不一样。随着家族信托架构在富裕人群中的广泛运用，以信托公司为代表的家族信托服务机构面临着综合服务能力的考验，需要综合家族当下成员的身份背景、未来的移民计划、境内外的资产布局、传承人的身份规划和税务影响等因素，才能帮助客户设计最优的家族信托架构方案，这是当前很多信托服务机构和专业人员正在探索和研究的前沿问题之一。

以家庭成员中存在澳大利亚税务居民身份的家族为例，在设计家族信托方案时，就必须考虑澳大利亚税收对信托的影响。澳大利亚是一个全球征税的国家，澳大利亚税务居民如果在一个年度内的应税所得超过 18 万澳元，其需要缴纳的税率为 45%。税务居民是税法上的概念，一般情况下，一个纳税年度内在澳大利亚居住时间超过一半的个人很可能构成澳大利亚税收居民；信托如果符合澳大利亚税法的规定，也可能会成为澳大利亚税务居民。如果作为家族信托的受益人或者家族信托本身是澳大利亚税务居民的话，将可能面临被澳大利亚征税的影响。尽管中国的《信托法》没有关于全权信托和非全权信托的法定分类，但在澳大利亚税法下，会将信托分为全权信托和非全权信托两大类。澳大利亚税法下的非全权信托，澳大利亚税务居民作为信托受益人从信托中获得的分配是需要向澳大利亚申报和缴纳个人所得税的，但如果信托方案设计得当，以全权信托形式成立并满足特定的条件，澳大利亚税务居民受益人从信托中获得的分配可以起到税收递延的作用。

案例3-6　王先生的家族信托方案

王先生为国内的民营企业家，在国内和澳大利亚都有产业。王先生的妻子和儿子在澳大利亚生活并且管理澳大利亚的产业，两人都已经入籍澳大利亚而且是澳大利亚税务居民；王先生和女儿在国内生活和工作，是中国税务居民。王先生是一个传统的企业家，知道自己年事已高，家族的财富未来迟早要传给儿女，但王先生和很多国内富豪一样，可能会把大部分财产传给儿子，而澳大利亚是一个全球征税且税赋较高的国家，王先生希望在规划财富传承的同时做好税务筹划。

王先生可以选择将国内的资产直接赠与给儿子和女儿，在赠与环节不涉及澳大利亚税问题，但是，一旦儿子获得国内的资产并进行管理产生收益，其收益部分就需要向澳大利亚纳税。为筹划王先生财富传承给孩子时的澳大利亚税负，王先生设立了一个中国境内的家族信托，将两个孩子作为信托受益人，以达到财富传承、税务筹划的目的。表 3-2 对比了王先生以 1 亿澳元直接赠与和通过家族信托传给儿子的两种模式涉及的税费，如果家族信托方案设计得当，王先生儿子获得的信托利益存在税收递延的空间（见表 3-2）。

表 3-2 三种方案对比

假设	本金 / 澳元	1000000000		
	年化收益率	8%		
	年化收益	8000000		
王先生儿子的 澳大利亚税负方案		方案一：儿子直接持有	方案二：未经专业规划的家族信托	方案三：经专业规划的家族信托
资产增值 / 信托分配	澳大利亚个人所得税税率	45%	45%	0
	澳大利亚个人所得税	3600000	3600000	0

资料来源：该表为浙商金汇信托股份有限公司编制。上述测算最终以澳大利亚税务意见为准，并且可能会因澳大利亚税法修改而对家族信托产生新的税务影响。

在中国，有不少有美国税务居民身份的高净值人士家庭。按照美国税法的规定，美国税务居民需就全球收入缴纳美国联邦个人所得税，税率最高可达 37%；在财富传承过程中，如果被继承人是遗产税下的美国税务居民，还面临着高额的遗产税。对于财富一代为中国境内税务居民，主要资产在境内，二代存在美国税务居民身份成员的家庭，家族信托是个极佳的财富管理工具，可以有效帮助委托人筹划美国税。在美国税法下，信托被分类为外国委托人信托（FGT 信托）和外国非委托人信托（FNGT 信托），前者存在美国税的筹划功能，而后者则没有美国税的筹划功能。

案例 3-7 吴女士的家族信托方案

吴女士及丈夫是中国境内知名企业家，他们有一个儿子，儿子在美国读书后就留在当地工作。吴女士和丈夫携手创业，经过 30 多年的奋斗后，积累了大量财富，目前想将更多的精力放在享受人生上，希望在保障自己的生活需求后能为儿子未来的生活提供更多的帮助。因为不适应海外的生活圈子，吴女士及丈夫在未来 20 年内应该不会移民到美国。目前比较困扰吴女士的是她儿子的美国税务居民身份，财富如果直接传给儿子，儿子很快就会面临美国税的问题。为此，她找到了专业的信托服务机构帮助她进行筹划。

专业机构帮助吴女士设立了一个家族信托，以筹划其儿子的美国税。吴女士作为信托委托人，将传承给儿子的境内资产交付至家族信托，受益人为吴女士本人、丈夫及儿子。通过专业的方案设计，该信托可以在美国税法上被分类为美国 FGT 信托，从而筹划其儿子的美国税问题。表 3-3 对比了吴女士以 1 亿美元直接赠与和通过家族信托传给儿子两种不同模式会涉及的税费，如果家族信托方案设计得当，在财富传承过程中可以帮助吴女士家庭筹划美国税。

表3-3　三种方案对比

假设	本金 / 美元	1000000000		
	年化收益率	8%		
	年化收益	8000000		
吴女士儿子的美国税负方案		方案一：儿子直接持有	方案二：未经专业规划的家族信托	方案三：经专业规划的家族信托
资产增值 /信托分配	美国个人所得税税率	最高 37% 个税 +3.8% 净投资所得税	最高 37% 个税 +3.8% 净投资所得税	0
	美国个人所得税	3264000	3264000	0

资料来源：浙商金汇信托股份有限公司编制。上述测算最终以美国税务意见为准，并且可能会因美国税法修改而对家族信托产生新的税务影响。

实践中，家族信托会因家庭成员税籍的不同而产生不同的纳税影响，这些影响可能会直接改变家族信托的顶层结构方案，从传承的时间维度看，家族后代会因国籍、税籍、保留权利的变化产生纳税影响，家族成员关心的核心问题是其是否会马上被征税，这也非常考验信托服务机构的综合服务能力。近年来，信托服务机构已经陆续尝试了美国 FGT 信托、加拿大"祖母"信托等信托业务，无一不是从税务角度帮助财富家族进行税务筹划。尽管信托公司和专业机构合作探索并尝试了这一领域的业务，但仍然还有很多未知的领域尚待研究和实践，比如：美国 FGT 信托在转为 FNGT 信托时的运作和最优筹划方案、信托公司的责任和义务边界；在世代传承场景下，信托当事人变更税籍；家族后代的国籍、税籍多元化身份背景下的家族信托应对方案；等等。

三、家族慈善信托

2016 年《中华人民共和国慈善法》的正式颁布，从立法层面对慈善信托进行了明确，慈善信托属于公益信托，是指委托人基于慈善目的，依法将其财产委托给受托人，由受托人按照委托人意愿以受托人名义进行管理和处分，开展慈善活动的行为。[①] 随后《慈善信托管理办法》的出台，进一步完善了慈善信托运行相关的各项制度规则。

实践中，家族慈善信托兼有家族财富传承和慈善公益的功能，既能够保持财产的独立性，实现家族财产的保值增值与财富传承，又能将慈善资金进行风险隔离，确保慈善意愿的实现，还能让家族成员在实践中感受到慈善事业的意义，加强家族凝聚力，将回报社会的价值观代代传承。家族信托与慈善信托相结合，是境外流行的家族财富传承与公益慈善方式。随着我国经济实力迈上新台阶以及社会财富的进一步积累，家族信托步入蓬勃发展期，未来嵌入慈善意愿与慈善紧密结合的家族信托，即家族慈善信托，必将成为我国信托公司在家族信托业务中的主流模式和主要特色。[②]

目前我国信托公司在实务操作中，已探索出多种业务模式。

第一种模式是家族信托的委托人或家族成员单独设立慈善信

---

① 《中华人民共和国慈善法》第四十四条，2016 年。
② 蔡概还，邓婷. 中国家族慈善信托发展的关键问题 [J]. 清华金融评论，2018（10）：23-25.

托（见图 3-2）。家族信托客户作为委托人，直接设立慈善信托，由受托人按照委托人设立慈善信托的意向，用于指定的慈善范围。此种模式结构较为简单，能够实现慈善资金的风险隔离和透明管理，实现专款专用，在实务操作中应用也最为广泛。

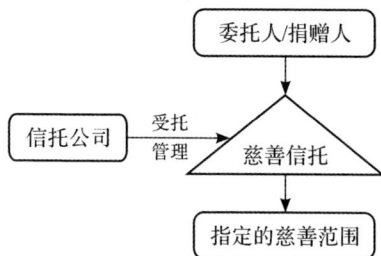

图 3-2 捐赠人作慈善信托委托人

第二种模式是家族成员先将资金捐赠至基金会，由基金会向客户开具捐赠发票，再由基金会作为委托人委托信托公司设立慈善信托，用于指定的慈善项目（见图 3-3）。相比于第一种模式，此种模式下家族信托的捐赠人可以取得基金会开具的捐赠收据，用于税前抵扣，能够在一定程度上激发捐赠人的捐赠积极性。

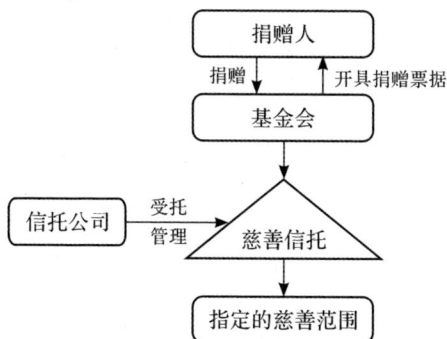

图 3-3 基金会作慈善信托委托人

第三种模式是家族信托直接捐赠至慈善组织或最终受益人（见图3-4）。委托人在设立家族信托时，约定在满足特定条件下，将部分收益或本金用于慈善捐赠，由信托公司代表家族信托直接捐赠至慈善组织或者最终受益人。

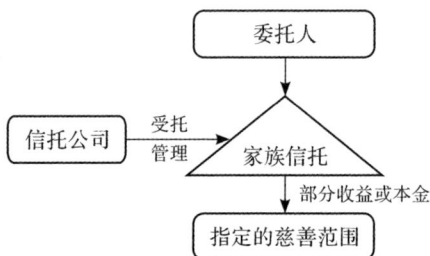

图3-4 家族信托直接捐赠

第四种模式是家族信托下设慈善信托（见图3-5）。家族信托的受托人根据委托人的意愿，以家族信托作为委托人，利用家族信托的部分本金或收益设立慈善信托，用于指定的慈善用途。

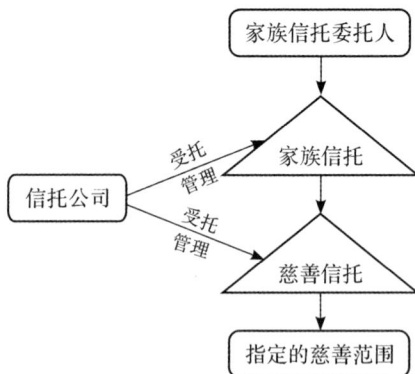

图3-5 家族信托作慈善信托委托人

后两种慈善模式对家族精神的传承较为有利：一方面，以家族信托的部分本金或收益作为慈善事业 / 慈善信托的委托资金来源，能保证有源源不断的资金追加至慈善事业 / 慈善信托，使得委托人的慈善意愿得到长久的实现；另一方面，家族信托结构中可以加入相应的激励与限制条款，鼓励后代参与慈善活动，例如约定后代应该每年参与慈善项目的决策与运行，否则将影响后代取得的信托利益分配，从而让未来的家族成员更深入参与到慈善事业之中。

虽然目前在实践中已经探索出了多种模式，但在开展家族慈善信托的过程中依然存在一系列问题。一方面，我国目前信托财产登记配套制度依然欠缺，股权、房产等非现金资产无法直接通过交付的方式设立慈善信托，实务中往往是按照交易的方式来处理，因此委托人需要缴纳相应的税费，置入成本较高。另一方面，目前我国慈善信托还缺乏专门的配套税收政策，虽然《慈善信托管理办法》规定"慈善信托的委托人、受托人和受益人按照国家有关规定享受税收优惠"，但尚未发布具体的优惠政策，缺乏可操作性。这些尚未完善之处在一定程度上影响了高净值人群的捐赠意愿。目前，民政、财政、税务等有关部门已经开始逐步突破这些难题，例如，杭州市民政局等四部门于 2022 年 3 月出台了《关于通过慈善信托方式开展公益性捐赠有关问题的通知》（以下简称《通知》），规定慈善信托受托人在将信托财产用于慈善捐赠活动时，经委托人和受托人协商一致后，由依法接受并用于公益性事业捐赠的公益性单位（含慈善组织）向提供捐赠的自然人、法人和其他组织开具公益性事业捐赠票据。《通知》的发布，在一定程度上保障了慈善信托委托人获得捐赠票据的权利，简化了取得捐赠票据的路径。

第六节　家族信托的治理机制

　　家族信托是委托人基于对受托人的信任建立的法律结构，信托成立后虽然是由信托受托人来管理，但委托人、受益人不能也不会是"甩手掌柜"。委托人设立家族信托，逐步把财产转移至受托人名下，将家族成员作为信托受益人，由受托人按照信托文件的规定管理、运用和处分信托财产，受益人享有信托利益，以期实现财富传承等目的，由此，委托人、受托人和受益人之间便构成了长期的法律关系。这种复杂的法律关系牵涉家族成员的巨大利益，加上彼此之间信息不完全对称，很可能出现信托相关方之间的冲突和矛盾。为了更好地实现信托目的，解决或者调和信托当事人之间的利益冲突和矛盾，避免不必要的纠纷，家族信托需要建立良好的治理机制。本节基于信托当事人在家族信托中常见的权利义务安排，讨论传承视角下的治理机制。

一、家族信托当事人的权利义务

（一）委托人的权利

家族信托的委托人是信托设立人，是信托关系中不可或缺的当事人。委托人作为信托财产的提供人，在信托关系中具有相应的权利和义务。我国《信托法》第十九条规定：委托人应当是具有完全民事行为能力的自然人、法人或者依法成立的其他组织。家族信托的委托人通常是具有完全民事行为能力的自然人，实践中也有少量以夫妻双方作为委托人的家族信托，此类家族信托在信托文件中对于委托人权利义务的约定以及和其他信托当事人之间的治理关系会更加复杂。从理论上来讲，委托人设立信托后不宜在家族信托中享有太多的权利，但我国的《信托法》仍赋予了委托人不少权利，主要有以下方面。

第一，委托人拥有信托财产运用知情权。《信托法》第二十条规定了委托人有权了解其信托财产的管理运用、处分及收支情况，并有权要求受托人做出说明；委托人有权查阅、抄录或者复制与其信托财产有关的信托账目以及处理信托事务的其他文件。《信托法》第三十三条规定，受托人应当每年定期将信托财产的管理运用、处分及收支情况报告委托人和受益人。

委托人设立家族信托之后，信托财产已经不在委托人名下，而是由受托人管理，信托利益分配等事项也由受托人行使，因此，委托人通常希望能及时了解家族信托有关的信息。与之相对应，受托人有法定义务向委托人、受益人披露信息，但是披露的具体频率、方式等可以在信托文件具体约定。委托人向受托人及时了解家族信托的信息或者履行知情权有助于彼此之间的信息对称，实践中专业受托人也会借助信息系统建设，提高委托人查询家族信托相关信息的效率和便捷度，目前已经有不少信托公司专门建立了与家族信托有关的信息系统，从家族信托的设立到管理都是数智化管理。

第二，委托人拥有信托财产管理方式调整权。《信托法》第二十二条规定：因设立信托时未能预见的特别事由，致使信托财产的管理方法不利于实现信托目的或者不符合受益人的利益时，委托人有权要求受托人调整该信托财产的管理方法。信托财产的管理方法由委托人和受托人在信托文件中依据法律法规具体约定，信托财产的管理是家族信托中较为重要的内容，实践中不少委托人保留对信托财产管理的指示权，通过指示受托人，由受托人具体管理信托财产。

第三，委托人有权依法解任受托人。《信托法》第二十三条规定，受托人违反信托目的处分信托财产或者管理运用、处分信托财产有重大过失的，委托人有权依照信托文件的约定解任受托人，或者申请人民法院解任受托人。委托人除了拥有法定的解任受托人权利外，通常也会关心信托终止情形。一般情况下，信托文件会约定信托存续期限，又或者约定信托终止情形，但服务机构出于信托关系稳定性等因素考虑，通常会提出最低的信托存续期限，此时委托人应当遵守信托文件中约定的最低存续期限的要求。实践中，少数委托人可能基于某种考虑，要求保留对信托的解除权；此时，委托人和受托人需要综合考虑各自的诉求、信托的风险隔离效果等因素协商而定。

委托人还拥有《信托法》规定和信托文件约定的其他权利，比如受益人范围变更权等，在此不一一赘述。委托人的各项权利是其实现财富管理传承意愿的具体保障，受托人在其职责范围内应当为实现受益人利益最大化而谨慎行事。

（二）受托人的义务

家族信托的受托人在信托法律关系中的地位和作用至关重要。理论上，具有完全民事行为能力的自然人和法人，只要双方协商一致，均可以成为信托的受托人；但在实践中，绝大部分的家族信托受托人是由经批准可以从事营业性信托活动的信托机构作为专业受托人来担任。在信托设立之初，专业受托人会帮助委托人设计家族信托的方案；在信托生效后，受托人按照信托文件的约定进行管理。《信托法》第二十五条规定：受托人应当遵守信托文件的规定，为受益人的最大利益处理信托事务。受托人管理信托财产，必须恪尽职守，履行诚实、信用、谨慎、有效管理的义务。

业内普遍认为，受托人的义务包括忠实义务或者信义义务、勤勉义务等，信托的治理既要有机制约束，也需要对受托人本身应尽的义务进行规制。在家族信托当中，受托人履行忠实义务显得尤为重要，在信托漫长的存续期间，信托财产的管理、运用和分配需要依赖受托人履职，受托人要按照信托文件约定的规则行事，为受益人最大利益处理信托事务。《信托法》一方面规定了受托人应尽的义务，另一方面也规定了委托人所拥有的撤销权，当受托人违反信托目的处分信托财产或者因违背管理职责、处理信托事务不当致使信托财产受到损失的，委托人有权向人民法院申请撤销该处分行为。这也是当委托人利益受到损害时的救济措施。

（三）受益人的权利

家族信托的受益人是在信托中享有信托受益权的人。受益人可以是自然人、法人或者依法成立的其他组织，在家族信托中，通常是委托人的家庭成员，包括现世存在的成员，也可以包括未来的家族后代。《信托法》赋予受益人和委托人一样的法定权利，包括信托财产运用知情权、信托财产管理方式调整权、信托财产损害救济权和受托人违规操作或损害信托财产时解任受托人的权利。

家族信托的签约主体一般为委托人和受托人两方，受益人虽为信托当事人，但其并不是信托合同的签约主体，信托合同中一般不会过多地对受益人义务进行约定，受益人仅享有信托受益权带来的信托利益。但在实践中，也有委托人考虑对家族后代的行为提出引导鼓励或者约束的条件，要求受益人达到某种要求或者不得做出某种行为，否则其受益权对应的信托利益会受到影响；此时，很可能需要受托人按照信托文件的约定对受益人的行为进行监督。

除了委托人、受托人和受益人三类信托当事人，定制化的家族信托根据委托人现实情况、管理需求及特定业务的需要，还可能会引入信托监察人或保护人角色，该角色的嵌入主要是为了更好地监督受托人对信托财产的管理运用，确保受益人的信托利益得到更好的保障。

二、传承目标下的治理机制

委托人是信托设立时家庭财富的主要创富者，拥有对信托的法定和约定权利，通常也是家庭成员中具有威望的人。委托人在世的时候，假设信托运行出现当事人之间的某种利益冲突或者其他事件，委托人可以通过与受托人协商、履行法定权利等方式参与信托事务。然而，委托人一旦去世，信托法律关系中仅剩受益人和受托人，家族信托是否还能够按照委托人设立信托时的意愿和信托目的良好运作下去，解决信托当事人之间的潜在利益冲突，这需要在家族信托设立之初就精心设计和建立符合家族目标的信托治理机制，在家族信托的当事人之间建立起一套持续的运作规制，使得家族信托能够长期平稳运行，否则可能很难实现委托人设定的信托目的，甚至有可能让委托人煞费苦心建立的家族信托架构陷入僵局。在以代际传承为目标和应用场景的家族信托中，如何建立信托的治理机制和运作规则是需要研究和实践的。

（一）信托的治理架构

《信托法》规定了家族信托中委托人、受托人、受益人三者的法定权利和义务，三者之间又根据签署的信托文件享有各自具体的权利和义务，委托人、受托人、受益人根据法定和约定的权利义务关系构成了最基本的信托治理架构。

当委托人去世后，一种情况是信托仅剩受托人和受益人。通常情况下，委托人和受托人在信托方案中会确定信托财产的管理方式、确认受益人范围的规则、信托利益的分配规则、受益人受益权终止和转让的规则、信托期限或者信托终止条件等事项。当信托治理架构中只有受托人和受益人时，受托人勤勉尽责、为受益人利益最大化而管理信托固然重要，但事先确定好受托人的职责边界、受益人的监督机制也是信托目的实现的重要治理安排，其中，管理好信托财产是避免受托人和受益人之间利益冲突的一个重要因素。尽管《信托法》规定了当出现设立信托时未能预见的特别事由，致使信托财产的管理方法不利于实现信托目的或者不符合受益人的利益时，受益人有权要求受托人调整该信托财产的管理方法，但如果受益人仅依靠"未能预见的特别事由"这一规定来采取救济措施，显然会显得有些困难和模糊。因此，实践中委托人需要考虑事先制定信托财产管理运用的机制和规则，比如委托人去世后由受托人全权履行信托财产的主动管理职责，约定信托财产的投资策略、投资范围、投资产品的风险等级、信托财产的特定用途（比如慈善）等规则，受托人在委托人制定的规则范围内履行职责，当受托人管理信托财产出现违背管理职责的时候，受益人便可履行相应权利以维护自身利益。

另一种情况是，委托人并不想在其去世后把信托的大部分事务交由受托人管理，仍然希望把部分权利保留在家族成员手上，此时委托人通常会安排一位家族成员担任信托监察人。因此，在委托人去世后，信托就变成信托监察人、受托人、受益人三者之间的关系。委托人需要建立起授权机制和权利更替机制，当委托人去世后，监察人担负起信托当中的一些权利和义务，常见的安排有：监察人享有信托财产的指示权、对受托人的监督权、对信托的知情权等。当然，监察人也有自然生命周期，如何在委托人去世后选择合适的监察人、建立监察人的顺位和更替机制，这也是实践中研究和探索的重点。在家族后代人口众多的情况下，为更好地促进家族和谐、财富传承，也可以考虑建立家族治理委员会，制定委员会的权利和义务、产生和退出的机制等，家族信托中的监察人由家族治理委员会选派，代表家族成员履行职责。在有信托监察人的情况下，受托人的职责边界可能会相对变窄，监察人和受托人各自履行职责，为实现受益人利益最大化而管理信托。

（二）信托的治理问题

治理是为了解决、调和某种问题或冲突，以保障家族信托平稳运行、实现信托目的。家族信托中常见的治理问题，包括委托人与受益人之间的利益冲突、受托人与受益人之间的利益冲突、受益人之间的利益冲突等。当委托人已经去世，家族后代成为信托受益人后，享有《信托法》规定和信托文件约定的权利和义务，享有信托受益权。前面提到，在传承目标下的家族信托，委托人很可能会在信托架构中嵌入信托监察人角色，在专业信托保护人数量不多的国内市场，信托监察人大概率是在家族后代中选择，此时作为信托监察人的家族后代既是信托监察人同时也是信托受益人。当信托监察人拥有委托人赋予的除监督权、知情权以外的其他权利时，尤其是如果委托人赋予监察人酌情分配信托利益的权利时，其监察人和受益人的双重身份就很容易对其他受益人构成利益冲突。站在委托人的角度，委托人也十分纠结，既想授权监察人参与家族信托的管理以实现家族传承目标，但又担心过度授权会激发家族后代之间的利益矛盾，这就需要在监察人与受益人之间取得权利和利益的平衡。在没有利益冲突的时候按照既定机制运行，发生利益冲突的时候又有争议解决机制，或者监察人仅取得部分授权，减小其侵害其他受益人利益的可能性，这十分考验委托人和受托人在协商设计家族信托方案时的智慧。

退一步讲，真到出现不可调和的矛盾或者受益人觉得有必要时，信托的治理可以事先考虑受益权的退出机制。受益人可以放弃受益权，但放弃意味着退出，这对一个在家族信托中拥有巨大利益的受益人来说，是很难做出的决定。《信托法》规定了受益人的受益权可以依法转让，在家族信托的治理机制中，也可考虑未来的家族后代可以转让信托受益权。本节讨论的内容是信托治理过程中诸多问题的一部分，在传承目标下，以信托关系为纽带，需要信托当事人的共同努力，才能实现百年传承的宏伟目标。

参考文献

[1] 中国信托业协会 . 信托法务 [M]. 北京：中国金融出版社，2021.

[2] 刘金凤 . 海外信托发展史 [M]. 北京：中国财政经济出版社，2009.

[3] 赵廉慧 . 日本信托法修改及其信托观念的发展 [J]. 北方法学，2009（4）：154-160.

[4] 刘宁辉，等 . 私人财富管理理论与实务 [M]. 北京：企业管理出版社，2020.

[5] 李升 . 财富传承工具与实务：保险·家族信托·保险金信托 [M]. 北京：中国法制出版社，2018.

[6] 新财道财富管理股份有限公司 . 财富管理视角下的家族信托规划 [M]. 北京：中国金融出版社，2019.

[7] 中华人民共和国最高人民法院 . 金燕、建银文化产业股权投资基金（天津）有限公司合同纠纷其他民事民事裁定书 [EB/OL].（2021-10-22）[2022-05-10].https：//wenshu.court.gov.cn/website/wenshu/181107ANFZ0BXSK4/index.html?docId=JGWeB5tetTlxANmBg8qKUVwCXDwXJBCXh/UcA1g8Pjxk6jMn9fyfiZ/dgBYosE2g0UJ8kcdGqdxHssn0gfK2IawEyKEQsUj/EvOVxPYVpi+wROo+4CmvegtHC4jrQMbE.

[8] 深圳市京泉华科技股份有限公司 . 京泉华：关于实际控制人权益变动的提示性公告 [EB/OL].（2022-04-13）

[2022-05-12].https：//data.eastmoney.com/notices/detail/002885/AN202204131558953717.html.

[9] 游族网络股份有限公司 . 游族网络：关于实际控制人将发生变更暨权益变动的提示性公告 [EB/OL].（2021-01-12）[2022-05-11].http：//quotes.money.163.com/f10/ggmx_002174_6843323.html.

[10] 蔡概还，邓婷 . 中国家族慈善信托发展的关键问题 [J]. 清华金融评论，2018（10）：23-25.

第四章

家族顶层结构的实践之三：国内外典型案例

第一节　美国报业家族的常青树：
奥克斯·苏兹伯格家族

2013年8月5日，华盛顿邮报公司宣布将公司的旗舰报纸以
2.5亿美元的价格出售给亚马逊创始人贝佐斯。格雷厄姆家族出
售经营了80年的《华盛顿邮报》，这使得《纽约时报》成为美
国最后一家家族运营的大报。在此之前，小阿瑟·苏兹伯格驳斥
了诸如彭博之类的媒体大亨可能会在某个时候收购《纽约时报》
的传言："《纽约时报》绝不会卖。"

家族企业曾经长期主导美国报业，在报业集团上市、并购潮
和互联网、新媒体的冲击下，报业家族陆续出售了旗下报纸。时
至今日，《纽约时报》的发行人仍然来自奥克斯·苏兹伯格家族，
《纽约时报》为何能历经四代仍保持家族对报纸的控制权？在解
答这个疑问之前，让我们先了解一下这家企业的历史。

一、奥克斯·苏兹伯格家族对《纽约时报》的四代控制

（一）第一代："乡下人"阿道夫收购《纽约时报》

1858 年，南北战争爆发前夕，阿道夫·奥克斯在美国出生，其父亲和母亲分别支持北方和南方，家中争吵声不断，造就了他对僵化意识形态的极不信任和善于妥协的个性。阿道夫的兄长早夭，他不仅要扮演长子的角色，还要担当起他父亲未曾尽责的养家糊口的重任。

1896 年，阿道夫作为唯一的竞标人，凭借自身的诚信和良好的口才，通过多方贷款将《纽约时报》收入囊中，这个外人口中"负债累累的乡下人"成为发行人。《纽约时报》由两位不得志的共和党人创立于 1851 年，当时称作《纽约每日时报》，发行量只有 9000 份，每日亏损额高达 1000 美元。尽管当时纽约报业竞争激烈，但阿道夫在收购《纽约时报》的第三年就实现了扭亏为盈。

（二）第二代：独女传承，女婿与外甥的较量

阿道夫只有一个女儿伊菲珍，他十分疼爱这个独生女，时常将自己对报社的爱与女儿分享。阿道夫经常陪伊菲珍在《纽约时报》社四处参观，给她介绍报社的编辑和记者，讲解报纸的经营情况，教授她经营知识。1904 年，11 岁的伊菲珍手拿一把抹泥刀，为报社的新大楼奠基。阿道夫特意写了一篇辞藻华丽的贺词，伊菲珍准确无误地背了下来。阿道夫还有意让伊菲珍融入他的圈子，

父女俩会在周日去拜访丹尼尔·古根海姆或安德鲁·卡内基，这让伊菲珍满怀感激。

阿道夫从未将伊菲珍看作《纽约时报》的接班人选，但内心深处的冲动又让他情不自禁地将自己对儿子的期待转嫁到女儿身上，称伊菲珍是"我至亲的女儿和唯一的儿子"。在这种充满矛盾的复杂情感中，伊菲珍一方面期待父亲的认可，另一方面又因为自己的性别以致怎么都无法达到十全十美而深感痛苦。

1919 年，伊菲珍的表弟朱利叶斯和丈夫阿瑟都被任命为副总裁，朱利叶斯兼任财务总管，两人彼此充满敌意，外甥和女婿之间的较量由此开始。朱利叶斯头脑敏锐、思路清晰，很快熟悉了报社的生产和经营业务，这正是阿道夫最喜欢的领域。阿瑟则填补了公司内的新闻用纸这个空缺领域，成为专家。阿道夫虽然欣赏阿瑟，但因为觉得阿瑟过于放肆，因而对阿瑟的态度始终不佳。

1928 年，阿道夫将阿瑟派往海外，让阿瑟更多了解世界以及《纽约时报》的经营状况。阿瑟在新闻事业上展现出天生的才能，但阿道夫仍未对继承人问题做出明确表态。

1932 年，希特勒的崛起让阿道夫重新陷入了忧郁，这使得接班问题越来越紧迫。阿道夫担心他一生的努力在接班人手里灰飞烟灭，也担心此时宣布接班人可能会使家族分裂。1933 年，希特勒残忍的行为和国家经济低迷使得没有舵手的《纽约时报》前景堪忧。在伊菲珍的鼓励下，阿瑟填补了这项空缺，负责管理新闻业务，开始监管报社的编辑和记者。朱利叶斯监管商务和机械业务，他对自己成为继承人颇有信心。在奥克斯家族中，除了伊菲珍，所有人都这样认为。1934 年 2 月，阿道夫重返《纽约时报》，同年 7 月，朱利叶斯离开《纽约时报》，次年 4 月，阿道夫·奥克斯去世。他在遗嘱中通过家族信托将《纽约时报》发行人的决定权交给了伊菲珍，伊菲珍选择了丈夫阿瑟。他成为新发行人和总裁，朱利叶斯则成为总经理。朱利叶斯作为奥克斯信托和报社的重要股东，在家族内部有独立的权力，这导致了阿瑟在上任初期没有多少空间来施展自己的想法和战略。1955 年，朱利叶斯去世。在阿道夫逝世 20 年之后，阿瑟终于从朱利叶斯的制约下解放出来，这意味着《纽约时报》以及所属的产业彻底归他一人所有了。即使阿瑟取得了许多成功，获得了许多荣誉和赞美，甚至在朱利叶斯去世后，他的权力几乎达到了巅峰，几乎掌握了纽约时报公司的所有权力，但他得到这一切只因为他是老板的女婿，这个问题始终困扰着阿瑟，让他挥之不去。

（三）第三代：年轻的发行人，女婿与女婿的较量

1926 年，在连续诞下三个女儿（玛丽安、鲁思、朱迪）之后，伊菲珍有了最小的儿子阿瑟·奥克斯·苏兹伯格，小名潘趣。1941 年，伊菲珍的大女儿玛丽安和奥维尔·德勒福斯结婚，奥维尔辞职加入《纽约时报》，但直到 1954 年，奥维尔才从发行人助理升任副总裁和董事会董事。次年，朱利叶斯病逝，奥维尔接替了总经理的部分业务和广告部门的工作。阿瑟仍是《纽约时

报》发行人，即使他已经推荐奥维尔做接班人。虽然阿瑟有意避免在奥维尔身上再次上演那些自己在阿道夫时代作为预备发行人的不快经历，但他与奥维尔同为女婿的这层关系使得他们之间仍显得疏远和微妙。奥维尔知道自己早晚有一天会继任，但又很担心自己是否胜任。阿瑟为奥维尔精心安排了公开演讲训练、熟悉报社驻外机构的行程、与政治家等各界人士打交道等各项培训内容，让奥维尔为未来承担发行人的工作做好准备。

如果说阿瑟对女婿仅仅是出于责任，总是与他保持一种距离，伊菲珍与奥维尔的关系就要亲近得多。她逐渐成为奥维尔的顾问、宣传者和代理母亲。借着伊菲珍的支持，加上他与生俱来的和蔼可亲，奥维尔在这个复杂的奥克斯·苏兹伯格家族中终于占据了一片特殊的天地。奥维尔逐渐获得了自信，从阿瑟那儿接手了更多的日常工作，但阿瑟一再专断地控制着《纽约时报》的决策权。1957 年，阿瑟仍在思考如何把企业的掌舵权移交给下一代，像当年的阿道夫一样掌控着报社的所有权力。他无意隐退，也不相信他的继承人奥维尔已经做好准备，能在没有他的指导下接手《纽约时报》。在经过一段漫长而有步骤的策划安排之后，奥维尔于1957 年晋升为总裁，并在四年后成为发行人。当时，阿瑟已是70 岁高龄。

不幸的是，奥维尔在成为发行人后的第三年突然因病去世，奥克斯家族不得不重新开始考虑继承人的问题，最终的决定权落在了伊菲珍和阿瑟的身上。阿瑟认为潘趣过于年轻，而且经验不足；但伊菲珍和潘趣的三位姐姐一直认为应该给潘趣一个展现能力的机会。最终，阿瑟做出了让步，这使得潘趣在 37 岁时成为《纽约时报》的总裁兼发行人。作为独生子，潘趣从出生起就已经注定要成为父亲阿瑟的继承人。潘趣没有辜负母亲和姐姐们的期望，他提出控制预算，寻找投资机会、积极扩张，并将《纽约时报》重新塑造成拥有现代化管理方式的企业，同时小心谨慎地将公司的表决权牢牢地掌握在家族手中。

（四）第四代：自信且准备充分的小阿瑟

在很小的时候，小阿瑟就已经知道自己将会继承父亲潘趣的职位，成为《纽约时报》的发行人。1974 年，小阿瑟大学毕业，在伦敦的出版社工作了一段时间。1978 年，他正式以记者的身份进入《纽约时报》，开始了他稳步迈向公司最高管理层的漫长历程。与此同时，小阿瑟的四位表兄妹也在公司中充满抱负地努力工作，向公司高级管理层攀登。小阿瑟的父亲潘趣则监督着这五位年轻人在报社中的成长过程。随着时间的推移，经过家族以外的高级行政主管们调教的小阿瑟率先成为报社的发行助理和副发行人。

1991 年底，潘趣宣布放弃发行人的职位，并推举儿子小阿瑟接任，这遭到了报社外部董事的反对，他们希望能够更多地了解小阿瑟的能力。但仅仅几个月后，大家就一致认为，小阿瑟就是发行人的合适人选。40 岁的小阿瑟在 1992 年被正式任命为《纽约时报》发行人。潘趣多年来一直让儿子接受着严格的训练，"小阿瑟事实上是《纽约时报》有史以来，在上任前准备最充分的一位总发行人"。此后，潘趣仍保留董事会主席和总裁的职位，同时，为了照顾儿子的四位表兄妹的感情，他也拒绝了小阿瑟加入董事会的请求。1997 年，小阿瑟终于如愿以偿地进入了五年前曾经被拒之门外的企业董事会，而其他家族成员并没有对此表示任何不满。

在与主要的家族成员和家族顾问进行讨论之后，潘趣与家族和董事会达成了一致的协议，从此正式退出了公司管理层。最终，小阿瑟成为报社董事会主席，他的表哥迈克尔·高顿则被任命为公司副主席兼董事会董事，而一位并非家族成员却深受信任的行政主管成为报社的首席执行官。在决定正式宣布前，潘趣通过电话或亲身拜访，逐一向第四代的家族成员解释了自己做出的选择。

二、家族信托和双层股权结构如何助力家族对报社的控制？

阿道夫去世前就立下遗嘱，用《纽约时报》50.1% 的普通股成立了奥克斯信托，由奥克斯信托控制《纽约时报》的所有权，保证了家族股权的集中和难以分割。同时，阿道夫指定阿瑟、伊菲珍和朱利叶斯为信托的受托人，并规定在伊菲珍过世后把公司股权分给她的四个子女。实际上，阿道夫这是将《纽约时报》发行人的决定权交给了伊菲珍，避免了直接指定继承人给女婿与外甥之间本就微妙的关系火上浇油，以保证《纽约时报》能够平稳顺利地进入第二代家族成员掌舵期。因为阿道夫的遗嘱规定，奥克斯信托的三位受托人负责选举新的发行人，同时报社五人组成的董事会中，他们三人都是成员，必须认可选举结果。伊菲珍选择了丈夫阿瑟。

在阿瑟掌管报社期间，《纽约时报》的所有者不是阿瑟，而是奥克斯信托。在伊菲珍大女儿玛丽安结婚的前一天，伊菲珍的四个子女签订了回购协议，承诺当伊菲珍去世、他们取得遗产时，其他三人拥有公司普通股股票的优先购买权，这是确保《纽约时报》掌控在家族手中的第一个文件。

1969 年，《纽约时报》以双层股权结构的方式在美国证券交易所上市。公司股票分为没有投票权的 A 股和有投票权的 B 股。奥克斯信托和奥克斯·苏兹伯格家族持有大部分有投票权的 B 股，公众通过交易所购得的大都为没有投票权的 A 股。家族成员通过公开发行股票出售 A 股的方式既可以获得资金用于支付遗产税等开支，又可以谨慎地将公司的表决权牢牢地掌握在家族手中。

1986 年，第三代和第四代家族成员签署了一份对家族和企业做出重大承诺的协议书。根据协议，家族成员们将永远不会把拥有表决权的 B 股出售给家族以外的人士。这份协议意味着，家族的四个分支都将遭受数亿美元的经济损失。但是，这一行动向外界表明了奥克斯·苏兹伯格家族的团结，使那些窥伺公司股权者望而却步，也使家族内部不会再因为出售股权的问题产生任何纠纷。

同时，"一个家庭"的概念还促使第三代家族成员们做出了惊人的决定，将占公司表决权股份达 85% 之多的、原本独立的四个基金融为一体，再平均分给每一位第四代家族成员。对其中人数最少的一个家族分支的两位家族成员来说，这意味着巨大的牺牲，因为按家族原来的规划，他们两个人所继承的股份将比其他同辈的家族成员多得多。但正如其中一位家族成员所说的，他和其他家族成员都没有将这一决定看作财富分配的问题，而是将其视为关乎家族和企业利益的一件大事。

阿道夫的后代们并没有按照阿道夫遗嘱将股权平分，而是根据玛丽安结婚时的回购协议以及 1986 年协议书，这些都是奥克斯·苏兹伯格家族成员在从小"一个家族"的家族教育下达成一致并自愿签署的。这些协议从制度上保证了《纽约时报》的多数股权集中于家族，不会因继承、婚姻、后代不和、敌意收购等因素而分散股权或是使股权落入家族外部成员手中。

潘趣在任时期，《纽约时报》公开上市，从一开始便采用了双层股权结构。虽然潘趣一心想要将《纽约时报》重新塑造成拥有现代化管理方式的企业，但这并不妨碍家族将企业控制权掌握在手中。家族掌握大部分有投票权的股份，再将股份锁入家族信托，这样既能使企业公开发行股票进行融资，又能确保家族股权集中持有且难以出售给家族外部成员。

三、启示与评论

奥克斯·苏兹伯格家族前赴后继，通过四代人的不懈努力，实现了创始人阿道夫·奥克斯在 1896 年购入《纽约时报》时的梦想，即拥有全世界最伟大的报纸之一。

阿道夫当时面临现代中国企业主类似的问题，只有一个女儿伊菲珍，并且担心女儿没有能力经营好报社，因此他提前很长时间开始规划传承。阿道夫通过各种方式向伊菲珍传递对于报社的使命感，教给她自己所珍视的价值观：慈善、好奇心、热爱家庭、保护《纽约时报》。在接班人的选择上，阿道夫将女婿和外甥作为接班候选人同时带入《纽约时报》，并把最终决定权交给女儿。《纽约时报》顺利从第一代传承到第二代，其中阿道夫的长期准备和精心策划功不可没。

阿道夫对于家族和报社的责任感深深影响了伊菲珍以及她的孩子们。对伊菲珍来说，首要任务是保住父亲所创下的"报业王朝"，她在教育四个子女时，一再向子女们灌输"人人为我，我为人人"的道理。基于阿道夫的设计，伊菲珍去世后，四个子女将平分奥克斯信托所掌管的公司股份，那时他们将面临合伙经营阶段所出现的挑战。阿瑟为此事找了家族律师，家族律师定期把孩子们召集到一起，给他们讲解继承《纽约时报》的意义，当时的潘趣只有 11 岁。他们被告知，《纽约时报》的宗旨是服务读者，而他们只要努力证明自己的价值，人人都有机会成为公司的高级主管。同时，孩子们还了解了股票和信托的知识，认识到《纽约时报》不仅是奥克斯家族的私有财产，更是一家公众公司。

阿瑟于 1968 年去世后，伊菲珍全面担当起家族事务总负责人的职责，让每位第四代家族成员都感受到家族的关爱。她同时也利用各种场合向家族成员传达信息：家族和《纽约时报》的利益是息息相关的。在伊菲珍的影响下，潘趣在为小阿瑟规划传承之路时，也时时刻刻顾及第四代其他家族成员的感受，并在做出每个决定前后及时地与每位家族成员进行充分沟通。

而第四代的小阿瑟和他的表兄妹们于 1994 年启动了一系列由全体第四代家族成员和他们的成年家属参加的家族会议，就董事的任命、雇佣家族成员的政策、慈善事业等各种与家族成员有关的话题展开讨论。这项活动也得到了他们父母的大力支持。1995 年初，第四代家族成员对家族和企业的未来发展提出了建议，并郑重承诺，作为《纽约时报》的捍卫者，"他们将永远把报社的利益放在个人利益之上"，宣布将永远成为家族成员，而不是家族中四个小家庭的一分子，由此"一个家族"的概念正式得到了家族成员的一致认同。

阿道夫的后代尽管没有严格按照阿道夫的要求平分股权，却从实质上实现了阿道夫生前的家族愿景。可见，硬件上的制度设计最终要通过积极主动的家族沟通和从小耳濡目染的家族教育，才能从根本上保证家族对企业的长期控制。

家族企业的传承是全面系统的工程，包括财富传承、事业传承、精神传承三个维度。传承涉及家族系统和企业系统的同步变革，必须用系统思维和长期观点来看待传承，简单地把家族企业传承看作股权和职位的换人是极其危险的。对于家族企业这个系统来说，传承相当于对这个系统进行更新换代。要想保证系统更新顺利完成，除了家族信托和双层股权结构这样的硬件，还需要传承规划、家族教育这样的软件来协同配合。传承过程中的沟通，包括集体讨论、协商妥协，甚至是部分家族成员的牺牲，都是不可避免的。家族沟通的基础是共同的家族愿景、家族使命感和家族价值观，而这些需要由家族教育和家族沟通机制、议事规则来实现。家族企业面临的挑战具有共性，可以学习借鉴和事先设计。从第一代到第二代的传承过程中，家族和企业的制度化建设非常重要。第一代领导下的企业中，企业和家族的权力和权威集中于一人。随着第二代、第三代进入企业，家族和企业的结构都会复杂化，家族企业必须事先制定沟通机制，让家族成员在遇事时有理可据。

第二节 德国千亿级工业巨鳄：博世集团[1]

本案例的主角——博世集团是德国最著名的工业企业之一，主要从事汽车与智能交通技术、工业技术、消费品和能源及建筑技术产业。博世集团在2021年《财富》杂志公布的世界500强名单中列第98位，其总部设在德国南部斯图加特市，员工人数近30万，分公司和区域性公司遍布50多个国家。博世集团的超凡魅力来自其独一无二的"三权分立"结构，其治理结构不仅在家族企业领域难以复制，而且在完全现代化的企业中也不存在任何镜像。其结构之优美与稳定，对于一个管理学研究团队来说是不能错过的，而且对其他家族企业而言也有重要的借鉴意义。

一、博世企业前期简史（1886—1952）

罗伯特·博世于1886年11月15日在斯图加特的一栋公寓楼底层成立了"精密机械及电气技术工厂"——如今博世集团的雏形。工厂最开始的业务只是安装电话线、门铃，修理写字机等，

---

[1] 本案例部分摘自浙江大学管理学院企业家学院团队与商务印书馆合作翻译的《博世——一家全球性企业的历史》，该书原著德文版作者为约翰内斯·贝尔和保罗·埃尔克，英文版译者为J.A.安德伍德，该书版权归博世集团所有。

但其在内燃机电磁点火设备制造领域的技术已颇为先进，并渐渐发展成了主要经营门类。1898 年，罗伯特·博世开始把眼光投向国际市场，这家小工厂凭借其先进的技术成为跨国知名制造商，在伦敦和巴黎都有代理销售处。1913 年，该企业"处在世界垄断地位"，电磁点火器占领了英国 90% 的市场，公司的销售代理遍布 30 个国家。

受到第一次世界大战的影响，博世公司[1]失去了市场的领导地位。1917 年，罗伯特·博世遭遇重大打击，他的儿子被诊断患有不治之症，而其得力助手古斯塔夫（Gustav Klein）也在这一年意外去世，他便决定把公司与个人的命运分开，于是该企业结构经历了第一次变革。同年 7 月，股权资本达 1200 万马克的罗伯特·博世股份有限公司（Robert Bosch AG）成立，罗伯特·博世任监事会主席，实则依旧掌握公司的管理权。1918 年博世公司的员工数量超过了一战前水平，1920 年博世公司再次成为斯图加特最大的公司。罗伯特·博世为了管理个人资产，于 1921 年 3 月成立了财产管理博世有限责任公司（Vermögensverwaltung Bosch GmbH，以下简称 VVB，后于 1964 年改组为罗伯特·博世基金会）——一个非营利性的信托有限公司。好景不长，罗伯特·博世股份公司从创始至 1925 年期间，原董事会六位成员中的四位相继逝世，公司在人事方面蒙受了重大的损失。

---

[1] 在博世集团于 1937 年成为有限责任公司（GmbH）前的结构不确定时期，统称为"博世公司"。

1926 年股份公司陷入了自成立以来最大的危机，董事会决定提高经济和管理岗位在公司中的地位，1927 年公司由过去的二分法（技术部门和销售部门）转为技术、销售、行政三个部门，分归三人管理，董事会核心成员由六位减为三位，这种管理结构一直保持到 1945 年，副职管理者也在 19 年中基本无变化。改组之后，公司逐渐走出危机。[1]

1930 年，公司受到了经济危机的巨大冲击，在经济还未复苏时，董事会就已经决定扩充产品线，以减少对汽车市场的依赖，此后公司参股或并购了包括荣科（Junker & Co.）在内的其他产品制造商，逐步向康采恩（联合企业）转变。[2]

1937 年 12 月 10 日，罗伯特·博世股份公司年度股东大会决议将公司改制为有限责任公司，罗伯特·博世任董事会主席兼董事总经理，拥有唯一的签名权。直到 1942 年罗伯特·博世去世，其一直牢牢掌控着自己创造的企业帝国。

第二次世界大战结束之后，博世集团从战争以及军火制造的泥潭中解放出来，其面临的是诸多战争遗留的问题和最重要的问题——罗伯特·博世先生的逝世以及围绕他留下的遗嘱展开的遗产继承工作。这一时期的博世处于十分混乱的局面：同盟国反卡特尔政策的介入使得博世很可能被肢解；德国政府的规定意味着

---

① Bähr, J, Erker, P. Bosch: Geschichte eines Weltunternehmens[M]. Muenchen：Verlag C.H. Beck, 2013.

② Bähr, J, Erker, P. Bosch: Geschichte eines Weltunternehmens[M]. Muenchen：Verlag C.H. Beck, 2013.

极高的遗产税，继承工作受到极大的阻碍；公司大量高层人员因与纳粹政府的联系被捕入狱，公司高层管理人员洗牌，公司又面临严重的管理危机。1952 年，瓦尔茨重新回到博世担任管理董事会主席一职，公司的未来才变得明晰起来。

在战争时期，迫于政府压力，一部分的博世高层人员加入了纳粹党。而作为工业生产的巨头，博世被迫为纳粹政权生产军火设备。战争结束后，军政府以参与纳粹活动为由在 1945 年 10 月解雇了包括瓦尔茨、诺纳泽等人在内的 60 余名博世高管，还在管理层添设了一个代理管理委员会。①

原董事会成员遭到解雇后，由于同时在管理董事会与遗嘱执行人团体中担任职位的瓦尔茨等三位高管被捕，新的管理层很快爆发了"激烈的权力斗争"，新的管理层对于遗嘱执行人团队拥有"公司所有基本事务中独立行使最终决定权"提出了质疑，这一矛盾在 1948 年瓦尔茨重返博世管理层时还造成了一些冲突。②

1947 年，为了防止德国经济"过度集中"③，美国与法国军政府在占领地大量推行企业的解体、分散和反垄断政策。对于博世来说，这些法案意味着大量专利文件被没收，旗下工厂被强制分离，乃至整个公司的强行解体。更为重要的是，这些措施严重

① Bähr，J，Erker，P. Bosch：Geschichte eines Weltunternehmens[M]. Muenchen：Verlag C.H. Beck，2013.

② Bähr，J，Erker，P. Bosch：Geschichte eines Weltunternehmens[M]. Muenchen：Verlag C.H. Beck，2013.

③ Bähr，J，Erker，P. Bosch：Geschichte eines Weltunternehmens[M]. Muenchen：Verlag C.H. Beck，2013.

拖慢了罗伯特·博世先生去世后急需进行的公司继承问题的处理进度。

1947 年后，博世遭遇了内忧外患的境遇：外部而言，混乱的时局与盟军的分拆政策使得博世的公司业绩再次受到打击；内部而言，小罗伯特·博世的继承问题、职业经理人对罗伯特·博世遗嘱的不同理解，都导致其结构发生了进一步的深刻变化。直到 1964 年，博世的企业结构才趋于稳定。

1952 年，博世急需通过新建与扩张产线来解决其经济危机，但美国资本依然拒绝给博世提供融资渠道。除了外部融资的不畅，博世董事会内部也出现了反对的声音——瓦尔茨仍遵从传统的博世运营思路，认为应该按照公司可用的现金流进行日常运营，而非为目前紧迫的生产扩张需求而募集外部资金。他宁愿放弃扩张机会也不愿博世被"借来"的资本束缚。但在遗嘱执行团与负责融资政策的博世董事会的商议下，最终决定在负债不得超过运营资本的 45% 且必须保证汽车设备业务处于核心位置，并在必要时刻自愿限制业务扩张，以保留公司独立家族经营的性质，同时符合罗伯特·博世的遗愿的前提下进行融资。[1] 博世最终突破融资困境，开始扩张，并成功在 1953 年初夏发行了 2000 万德国马克的债券，第二笔 4000 万马克债券在 1956 年 11 月也成功发行。

---

[1] Bähr, J, Erker, P. Bosch：Geschichte eines Weltunternehmens[M]. Muenchen：Verlag C.H. Beck，2013.

二、企业的传承与罗伯特·博世基金会（1953—1964）

老博世去世之后，遗嘱执行人团体成立，其中的核心人物是汉斯·瓦尔茨，1954 年后由诺纳泽（Knoerzer）接任。然而如前文所述，在第二次世界大战结束时，博世集团面临着十分严峻的现实问题，博世作为一家有着庞大体量与尖端技术的工业企业，受到了来自同盟国政府的审查，大量的高层管理人员由于战时加入纳粹党而被政府要求解雇，高层人事发生较大变动。其中就包括博世意志最忠实的执行者——汉斯·瓦尔茨。另外，同盟国政府的反卡特尔政策要求对博世进行处置，公司受到了反卡特尔政策以及被称为"权力下放"的处置法案的诸多影响。于是博世的传承问题就被一拖再拖。再者，政府税务机关要求博世集团要有 300% ～ 450% 的遗产税率，而税务档案又被军政府没收，使得遗嘱选项之一"TV"（即家族成员接班）的执行十分困难。博世集团受这些混乱因素的影响直到 1952 年，"权力下放"法案终止生效，监事会、管理董事会与遗嘱执行人再次回到了博世集团。遗嘱执行的任务回归正常，此时摆在公司面前的是两条罗伯特·博世预想的道路，一是培养一名合格的家族成员直接继承罗伯特·博世的遗产并成为公司的最高领导人，若没有合适的人选则将其股份转让给 VVB，使得家族通过间接的方式获得公司的所有权。

瓦尔茨宣称自己对博世的尊敬能够确保自身对于博世遗嘱的唯一解释权，这对博世家族而言就意味着无法跨越的鸿沟。另外，博世家族的痛苦就在于高昂的遗产税导致继承股份的瞬间他们就将从富翁变成"负翁"，仅大女儿玛格丽特一人的遗产税就会达到 1150 万德国马克。对于所有家族成员而言，他们将被征收总计 9410 万德国马克，远远超过可用的家族资产。但是简单放弃父亲的遗产显然也不可能，当时玛格丽特表态，自己转让继承股权的条件是 VVB 必须成为一个慈善的品牌，她自己必须在其事务中拥有发言权，而且这个条件具有天然的合法性，即他父亲的遗嘱中提到自己的社会公益理念。

但更为重要的层面发生在遗嘱执行人团队对小罗伯特·博世的判断中：

1953 年春天，小罗伯特·博世年满 25 岁，时任主席瓦尔茨对这位年轻人抱有很大的期望。他联同诺纳泽、里帕特和奥托·费舍尔开始一起为这个年轻人制订培训计划，包括对工厂和部门的层级的详细介绍与长期在美培训。1954 年 11 月，瓦尔茨提议小罗伯特·博世应该被任命为博世董事会的正式成员，从 12 月 21 日起生效。1956 年 1 月 1 日，小博世最终加入了博世董事会并接管了工程，并成为公司最高级别的开发经理。

1957 年 1 月，瓦尔茨对继承备忘录进一步补充。其中，他区分了"真正意义上的家族董事"（根据创始人的遗愿，有权成为罗伯特·博世有限责任公司股东利益的唯一代表的人）和"尚未证实的家族总管"（处于发展和试用期阶段）。

这一步改变显然是针对小罗伯特·博世的。同时，瓦尔茨以"符合创始人所表达的目标的意义和精神"为由对股东协议进行了修改。在此版本中，他认为遗愿和股东协议的分歧已经产生并不断扩大，因此对"任命一位家族董事作为唯一继承人"的可能性提出了质疑。1959年初，执行团决定小罗伯特·博世应接任吉诺·鲍尔（Kino-Bauer）的技术总监，但该子公司很快就被发现存在严重问题并需要重组。在此基础上，遗嘱执行团开始对小罗伯特·博世的能力提出了质疑。1963年，遗嘱执行人让小罗伯特·博世负责质量保证领域，因为"在这样的职位上，他无法减缓公司的发展势头"。同时，梅克尔强调，"如果他不适合或不能完成任务，就必须把他放在一边"。这意味着在1963年11月，小罗伯特·博世已经被执行团完全排斥，特别是诺纳泽和瓦尔茨。几天后他被告知，遗嘱执行人决定未来他在公司不能占有一席之地。

应该说，在1939年老博世的信中，我们可以看到博世对自己儿子接班的愿望：

> 我最亲爱的孩子，我已经到了一定年纪，不期望能活到看到你接管我多年创下的事业的那一天……我只想说有一天，你应该接管和继续我的生意，并且那时你应当已经充分做好了准备，这对我来说非常重要。这并不容易，但是这个任务，这个雄心勃勃的目标，是我能留给你的最好的事情……

我相信，当时机成熟，以你的脾性和你聪明的妈妈给予你的良好教育，你一定能追随我的脚步，并继续我的事业……你有它所需要的天赋，你也有个性，正是这项任务需要的个性……最重要的是，提防你身边告诉你不要总是听信"老顽固"的人。反而，多注意一下"老顽固们"，听听他们的话，因为他们一定保有公司利益最大化的内心，并会给你最好的建议……我想让你承担的任务，这个继承我事业的任务，是沉重的……我相信你能够胜任。

但同时他也表示："遗嘱执行人在处理具体细节时，应该始终寻找和采用他本人在良知上认为他自己会批准的解决方案。"瓦尔茨认为在了解小博世的能力之后，"为了公司利益，老罗伯特·博世会优先考虑 VVB 选项"。因此，在 1959 年春天，遗嘱执行团队在罗伯特·博世有限责任公司的多数股权转让问题上改变了方向，放弃 TV 选项并回到了 VVB 选项。这一转变在执行团与家族股东的关系中埋下了冲突的种子。这个转变受到了博世家族的反对，但遗嘱执行人诺纳泽指出，根据现行税法，任何将罗伯特·博世有限责任公司股份无偿移交给个别家族成员的做法都是不可行的，这也违背了创始人遗嘱中的原则。家族认为这样的条款不合理，但由于执行人委员会拒绝在任命家庭成员加入企业当时的管理机构方面做出妥协，局面出现了僵持。

最终，博世家族做出了妥协。1964 年 4 月 23 日，遗嘱执行人正式决定授权 VVB 行使其创始人的意愿，购买仍留在遗产中罗伯特·博世有限责任公司的股份。家族成员拥有的股份被分配给 VVB 改组后的罗伯特·博世基金会，后者当时持有约 1.55 亿德国马克或罗伯特·博世有限责任公司 86% 的股本。与此同时，为了保持基金会的非营利地位，它必须放弃这些股票累计产生的投票权。遗嘱执行人设立了罗伯特·博世工业有限公司（RBIG），该公司从基金会手中收购了 20 万股，这些股票则被作为权威投票权。从此，基金会不再具有任何治理功能，而 RBIG 承担了治理权，并依赖工业信托来运营。家族对于企业发展丧失了几乎所有影响力，几经反转，直到 2002 年 3 月，博世工业信托公司（RBIK，1976 年由 RBIG 改名而来）委员会成员最终决定解除对克里斯托弗·博世（Christof Bosch，企业创始人的长孙）的投票权限制，并授予他作为 RBIK 股东的全部投票权，这也算是增加了博世家族在管理团队中的分量。

后几经微调，博世就形成了一个超稳定治理结构（见图 4-1）。

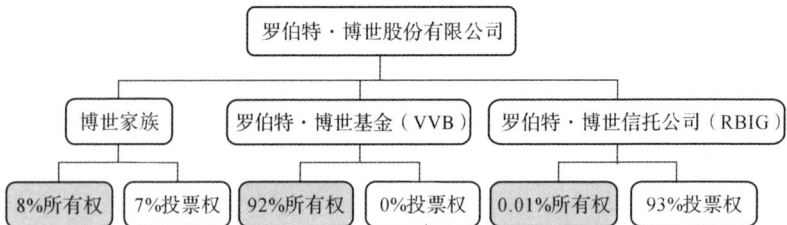

图 4-1　博世三权分立治理结构

博世信托公司如今已经形成了一个稳健的职业经理人团队治理结构。事实上，最初的公司是没有上下分级的，现如今则设置了分级管理体系。由下而上依次是地区事业部、全球事业部和全球董事会（见图4-2）。在决策方面，事业部的权限较大，很多集团事务会在事业部层级解决。事业部的四名管理者在做决策时都会谨慎考量，因为他们共同要对结果负责，并且自己日后能否升迁就是依靠以往的业绩。如果有重大事件，事业部就需要请示董事会，通常会很快得到批复。为保持政策的延续性，集团规定上一任董事长卸任后一段时间内，需要留在公司担任集团监事会主席，新任董事长则需向监事会主席汇报战略上的业务。

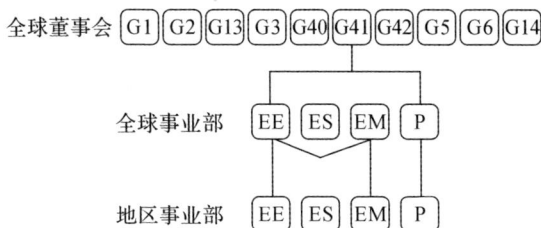

図 4-2 　RBIK 治理结构

图4-2中字母均只代表职能，G1（董事会主席）任职期满后，将成为监事会主席，新一任G1将由多方共同决定，包括监事会主席、博世家族成员以及上一任G1。

三、启示与评论

制度是组织的核心要素，博世集团的所有权和重大决议的投票权分属两个机构，这种花费了22年时间才建起的微妙平衡，在很大程度上实现了企业创始人罗伯特·博世最初的蓝图。如今，这种结构被称为博世章程，即有限公司、基金会和博世家族三权分立。

博世基金会和博世家族的联系非常紧密，基金会负载着家族的长远愿景。通过将股份安全地保管在基金会，公司的未来得到了保障。基金会本身是为公众谋福利的，这是创始人的重要遗愿，因此完全可以把基金会看成一个慈善组织，该组织的特别之处在于它本身是一家大型公司的大股东，可又不做任何生意决策。博世的遗愿是用公司的盈利为公众谋福利，过去由他本人来做决策，决定公司的哪一笔收入来做怎样的善事。现在，则由罗伯特遗嘱中设定的公司章程和几乎没有任何股权的职业经理人团队来保证该目标的实现。因为没有公众股东，企业就没有短期内赚快钱的压力，职业经理人的所有权极低，他们的决策只会参考企业未来这一个变量，而且由于博世职业经理人团队的长期文化，稳定和核心技术领域的领先才是他们的主要目标。家族成员虽然只有8%的所有权，但鉴于博世的体量，这仍然是一笔巨额财富，因此家族也不会面临经济压力和生存危机，企业可以从容专注于长期和可持续发展。这是该结构对于企业而言最为重要的优势。

继任者花了很多年才把这样一种设想嵌入公司的组织结构里。自1886年成立而来，博世公司只有六任CEO（包括罗伯特·博世）。换言之，高管层的绝对稳定，是抵制收购和保持独立的必备要素。罗伯特·博世定下的首要任务是确保公司基业长青，这要求企业在财务运行方面独立，资金富足。在一战和二战期间，罗伯特·博世就已经发现，现代金融市场的逐利陷阱被无限放大，而且如果公司外部有人每天对公司运营指手画脚，那只有一个目的，就是赚取最高的利润。所以，一个真正的企业家一定要保证财务独立，而非借助银行贷款和证券市场。虽然博世采取了比较保守的资本市场策略，但是这也保证了企业的自主性。实际上，按照创始人的遗愿，博世帝国的目标可以量化为平均年增长率不低于8%。虽然管理层的任务很艰巨，可在过去50年，这个目标全部达成，这堪称世界企业史上的"神迹"，企业长青、家族永续这两个目的同时达成，这也正是博世三权分立制度的结果。

如今，老博世的长孙克里斯托弗·博世还在公司的监事会里，但是他读的是林业专业，并无意于公司管理，他在慕尼黑附近经营着自己的农场。对于自己的人生选择，克里斯托弗十分赞同父亲小罗伯特·博世曾经说的："走自己的路，不要走公司里最容易的路。"事实上，小罗伯特正是这样坦然面对这份命运，而且一定程度上认同并且配了了职业经理人的选择，才有博世的今天。至1999年，小罗伯特·博世加入管理团队已有30年，这使他成为任职时间最长的股东，尽管没有完全投票权，尽管该家族派代表参加股东大会的权利早已失效，但当时管理委员会决定，公司必将永远有博世家族的一席之地。这才有了2002年管理团队恢复克里斯托弗·博世作为家族成员的一票投票权。博世的三权分立结构确实难以复制，它是历史合力的结果，但这种稳定结构又何尝不是基业永续、家族昌盛的保证呢？

博世的三权分立结构对于中国企业有着相当的参考意义。首先，博世的结构适合上市大公司或者未上市的私有独资公司，对于中小企业而言，这种职业经理人集体决议并不合适，快速成长型企业需要决策效率，因此各位看官需要对号入座。其次，三权分立结构重视职业经理人作用，形成了强势的内部文化，也会对外部人士和外来意见持排斥态度，有可能形成相对封闭的决策体系。但是职业经理人相对于家族成员更加专业，这一定程度上抵消了封闭决策体系的弊端。再次，在中华文明圈内，组织权力往往基本集中于一人之手，而三权分立结构的背后是西方代议制和民主机制，因此完全照搬并不现实，不过企业家仍然可以参考其职业经理人的专业文化。最后，也是最为重要的，中国由于长期施行计划生育，家族规模都不大，也就会产生与老博世当初一样的窘境，尤其是家族成员能力和意愿并不契合接班人身份时，可以参考博世的解决方式，专注于家族财富的管理，将经营权剥离出去，利用家族品牌拓展事业和人脉，还可以利用基金会来控股，将所有权公众化，并保留投票权，还可以建立产业信托，保证企业研发经费，从而保持企业的竞争力和领先地位。这里还要注意，博世模式不能简单套用，中国国内基金会设立门槛较高，享受的税务优惠比较少，国内信托目前也缺少必要的法律支持，无法实现国外信托的税务制度。

第三节　百年日企的财富传承之路：
三菱集团岩崎家族

　　现代的三菱集团并不是法律意义上的控股集团公司，而是由一系列企业通过非投资、非协议的方式，以共同历史和价值观形成的企业联合体。日本在战前共有四大财阀，分别是三菱、三井、住友和安田。在战后四大财阀被美国肢解，后经过长时间的重新合纵连横后，形成了新的六大企业联合体：三菱集团、三井集团、住友集团、芙蓉集团、三和集团和第一劝银集团。这六大企业集团之间又有进一步的合作，例如三井集团和住友集团双方的核心金融业务又进一步合并，形成了三井住友金融集团等。三菱集团始终是日本最大的企业联合体，截至 2019 年 3 月末，三菱集团员工超过 87 万人，关联企业 4521 家，资产总额 432.9 兆日元，市值 32.4 兆日元。另外，其销售额为 69.3 兆日元，营业收入为 7.6 兆日元，净利润为 3.2 兆日元。

一、三菱集团二战前历史

（一）岩崎弥太郎和岩崎弥之助亲兄弟合作阶段（1873—1885）

三菱财阀创始人岩崎弥太郎于 1870 年设立"九十九商会"，主营海运业。1873 年 3 月，岩崎弥太郎将"九十九商会"的所有权和经营权掌握在自己手中，商会就自然成为岩崎家的私有企业，并改名为"三菱商会"。随着求学归来的弟弟岩崎弥之助的加入，"三菱商会"变成了岩崎兄弟共同负责经营的企业。兄长岩崎弥太郎作为三菱社长负责制定和把控三菱的经营战略，弟弟岩崎弥之助作为副手辅佐弥太郎。明治初期，日本的海运业十分落后，基本被欧美强国所霸占。岩崎兄弟为了抢回本国的海运权，通过降价等一系列商业手段，最终击败国外的海运企业，抢占了日本海运市场。同时，三菱争取到了国内数次战争的政府运输业务，在不断壮大企业之余，还和政府建立了密切的合作关系。在此之后，依托海运业，三菱还发展了和海运相关的财产保险业务、生命保险业务、造船业和金融业务。到了萨长政府时期，政府采取了强硬的反三菱方针，通过发布相应命令书，大幅减弱了对三菱的保护，还组建了共同运输公司来对抗三菱。在岩崎弥之助的建议下，岩崎弥太郎转变战略方向，做好发展"陆地"业务的准备，并从日本政治家后藤象二郎处购入高岛煤矿。1885 年，岩崎弥太郎因病逝世，三菱商会传承给其弟岩崎弥之助管理。

（二）岩崎弥之助和侄子岩崎久弥叔侄合作阶段（1886—1893）

岩崎弥之助延续了弥太郎的战略方向，将公司业务继续扩展至和海运相关的仓库业务和石油开采运输业务。1886 年，三菱商会进行公司制改革成立三菱公司（三菱社），1887 年政府改变对三菱态度，将长崎造船所以极低价格转让给三菱公司。1893年，三菱公司改制成立三菱合资公司（合资会社），这一转变标志着三菱财阀的正式确立。改制对于三菱有着非常重要的现实意义，合资公司的成立意味三菱实现了家族独资，真正意义上成为岩崎家族企业。同年，岩崎弥之助谨遵哥哥的遗嘱，将三菱合资公司传承给岩崎弥太郎之子岩崎久弥，由久弥担任社长。

（三）岩崎久弥和岩崎小弥太堂兄弟合作阶段（1894—1916）

岩崎久弥延续了叔父岩崎弥之助的经营理念和方向，出任三菱社长后将业务扩展至高利润和高需求的啤酒业和玻璃制造业。1895 年，三菱合资公司内部成立银行事业部，围绕着主银行融资发展实业的体系初步成型。在实体经营方面，岩崎久弥采取共同决策的方法，提升了企业的组织管理能力，为三菱财阀的确立打下了一片稳固的江山。其间，岩崎弥之助的长子岩崎小弥太加入三菱，任副社长，辅佐堂哥岩崎久弥。1914 年三菱注册商标正式在日本国内注册。1916 年，岩崎久弥将三菱让于岩崎小弥太。

（四）岩崎小弥太和职业经理人共治阶段（1916—1945）

小弥太上任不久就着手对三菱合资公司进行全面的机构改革。首先，三菱公司从有限责任公司转变成股份有限公司（株式会社）。其次，各事业部分离，独立成立子公司。最后，三菱集团成立三菱集团控股公司（三菱本社），对三菱所有的独立子公司进行控股管理。改制后，三菱将业务继续拓展至信托、商社、不动产、化工、飞机制造、电机制造、汽车制造和钢铁产业，最终成为多元化经营的集团控股公司。

（五）三菱财阀被迫解散（1945—1964）

第二次世界大战日本战败后，美国主导的联合国下令要求日本解散三菱财阀。三菱掌权人岩崎小弥太强烈反对该指令，并在外界的强烈压力下怀着悲愤的心情去世，最终由三菱总公司理事长船田一雄代表三菱发表同意进行自发性解体的声明。由此，三菱财阀正式解体，失去了对分公司的管理权。岩崎小弥太和其他高管也全部被迫辞职，由新职员接替。三菱控股公司解散，三菱商事解体为174家公司，三菱银行和三菱信托禁止使用"三菱"商标和商号，三菱重工分解成三家公司。至此，岩崎家族对于三菱财阀的所有权和经营权都被没收。但财阀的解体只是三菱作为一个庞大的整体的消失，对于各事业部来说，业务继续存在，技术和人才都未曾流失，特别是为日后三菱集团再度集结发挥重要作用的三菱银行基本没有受到影响。

二、三菱集团二战后历史：隐身的岩崎家族

三菱集团在二战后被美国解散，其在 20 世纪 50 年代末开始重组，三菱家族为了避开视线，也退出了前台，但是由于岩崎家族一直保持着和日本国内的名门望族以及集团内部中高管理层的互相通婚习惯，所以其影响力并未衰退（见图 4-3）。其中比较为中国人所熟知的人物包括：日本明治维新的重要人物之一、日本前首相松方正义，其儿子、外交官松方正作娶小弥太的姐姐繁子为妻。确立日本开放国门理念的日本明治维新最重要的思想家之一，同时是日本顶尖私立大学双雄之一的庆应义塾大学创始人福泽谕吉的二子福泽坚次，迎娶第五代彦弥太的妹妹绫子为妻，并成为三菱瓦斯的董事会董事。另外，日本现代经济理论之父涩泽荣一的儿子、时任日本央行总裁涩泽敬三则是第三代久弥的妹妹矶路的女儿登喜子的丈夫。同时，矶路的孙子，即弥太郎的玄孙木内孝胤，现为日本众议院议员。而久弥的另一位妹妹雅子则嫁给了日本历史上著名的首相、提出币原外交的币原喜太郎。

另外，曾积极参与集团企业经营，但是由于种种原因退居幕后的在三菱集团内部的家族成员包括第六代家主岩崎宽弥，第六代家主平辈成员，入赘岩崎家族的桢原稔，以及第七代家主岩崎透。其中由于岩崎宽弥没有男性继承人，所以岩崎透是从久弥的堂兄弟小弥太的家族第三代过继而来。宽弥为家族的第六代继承人，其毕业后即加入三菱集团御三家之一的三菱 UFJ 银行，在银行中一路升任董事会董事，并且由于其能力出众，所以普遍被外

界认为会成为三菱 UFJ 银行的董事长，但就在这个关键时刻，其选择急流勇退，出任三菱商事巴西子公司东山农场社长。槇原稔为三菱商事的前社长，现为三菱集团所属的东洋文库的馆长。其娶岩崎家族弥太郎的孙女喜久子为妻，其父原来是三菱商事的干部。槇原稔自身也非常优秀，本人毕业于三菱集团设立并且管理的日本顶级六年一贯制私立成蹊高中，并在高中毕业后考入美国哈佛大学。这也是三菱集团御三家里由家族亲族人物执掌企业的唯一的台面人物。岩崎透也因为父亲的关系，目前任东山农场的社长。另外，小弥太的养子忠雄，忠雄的养子正男为麒麟啤酒的社长，麒麟啤酒所属的麒麟控股集团为三菱集团最核心的十三大企业之一。

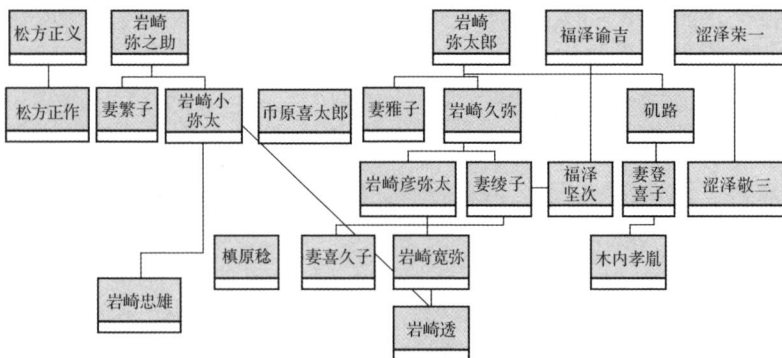

图 4-3　岩崎家谱

三、岩崎家族传承的模式

三菱集团战后被美国解散，家族隐于幕后；虽然后期重组，但是由于涉及面太广，为了不引人关注，并未如欧美的传统家族企业那样通过信托或者基金会的架构管理财富，其主要的特色有以下 10 点。

第一，采用金字塔形的企业集团总裁俱乐部的形式维持内部人治理。处于三菱集团金字塔第一个层次的是御三家，包括三菱 UFJ 银行、三菱商事以及三菱重工。处于第二层次的是三菱话事人会，其由第一层次的御三家从核心的 13 家企业中挑选九家组成并定期轮换。处于第三个层次的是三菱金曜会，其由 27 家核心企业组成。这 27 家核心企业内部设立三菱商标委员会，用于维护集团的商标和品牌形象。另外平行于三菱金曜会的办事机构有三菱事务局，其负责维护三菱集团的官网主页。另外，隶属于金曜会的下属机构包括月曜会和隶属于月曜会的二火会。月曜会为金曜会的 27 家公司的总务部长会议，而二火会则为 27 家公司的庶务科长会议。处于第四个层次的是三菱广报委员会，其由 37 家公司组成，这 37 家公司发行内部杂志，交流信息。这四个层次即三菱集团的金字塔集团结构中处于最核心圈层的 37 家公司成员。另外，该 37 家成员又负责沟通和联结三菱集团关联的共 4721 家公司（见图 4-4）。虽然在新闻采访中，三菱集团的各公司负责人一再强调三菱集团不干预各公司实际经营，仅负责维护商标和提供信息交流平台，但是从实际案例中比如三菱重工、三菱银行和

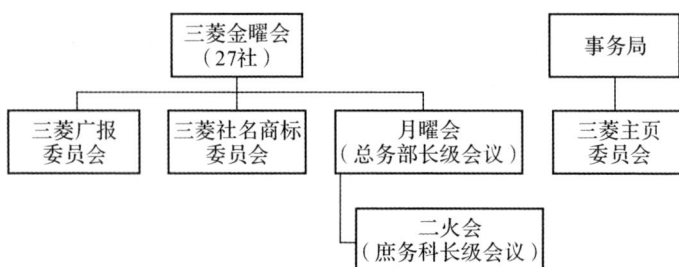

(a)

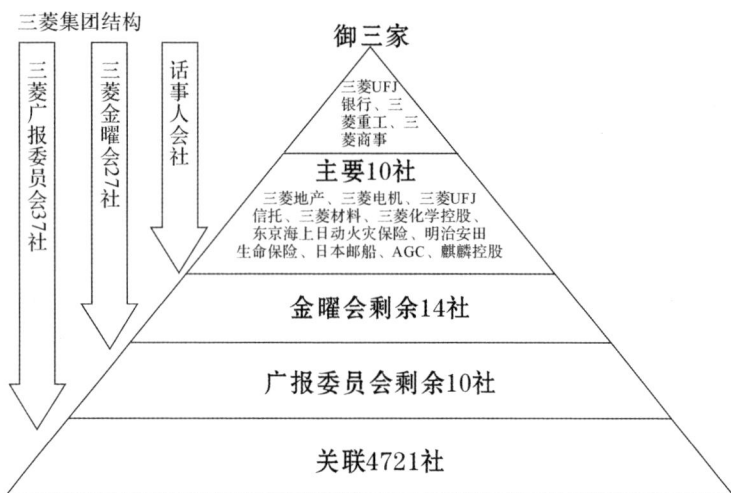

(b)

图 4-4　三菱集团结构

三菱商社对三菱汽车破产时的援助可以看出这并非事实。①

　　第二，采取主银行制度，并通过主银行对金字塔中的核心公司提供长期甚至无期限的循环信贷支持。资金融资成本比股市融

---

① ダイヤモンド編集部.三菱グループ御三家による「三菱自救済」から、重工が足抜けできた理由 [EB/OL].（2020-08-21）[2022-07-28].https：//diamond.jp/articles/-/24648；毎日新聞.燃費不正、経営に打撃…グループ支援不透明 [EB/OL].（2016-04-23）[2022-07-28].https：//mainichi.jp/articles/20160423/k00/00m/020/132000c.

资成本低，稳定性也远高于股市融资。这样有利于集团从自身利益出发，追求符合集团长远利益，制定 10 年以上的长期规划方案。

第三，采取交叉控股制度，并且这些股份保留在公司内部，并不对外转让。虽然这部分交叉控股的股票比例不高，几大关联股东加在一起一般只保留 5% ～ 8% 的股份，但是这也使得集团在遭受外来恶意并购的时候，非常容易找到白衣骑士和一致行动人。另外，由于是交叉控股，所以容易导致不明确的股权控制体系，这种无法直接看清实际所有人的交叉控股制度弱化了股东优先主义，更容易优先集团（家族）。

第四，采用终身雇佣制度。这种制度使得企业一直由集团内部选择的、并且深刻认同集团文化的人来治理。终身雇佣制度包含以下几个方面：一是新毕业的应届生的大规模招聘，企业的员工一般都来自应届生招聘而非社招。二是年功序列工资制度。年功序列制度本质是一种不成文的规矩，而非法律规定。这种制度会随着工作年限的增加而增长工资，即便是在职级不增长的情况下，也使得在集团工作 10 年以上的老员工的薪酬有可能高于同部门的年轻课长。另外，在成文的规矩方面，每年春天日本三大商会 [①] 会组织工会进行涨薪谈判（春斗），以及日本最高法院判

[①] 日本三大商会包括日本经济团体联合会、日本商工会议所和经济同友会。

决确定的禁止公司不当开除员工的原则 ①，共同保证了这种涨薪趋势会一直持续到员工 50 岁左右。三是这种终身雇佣制度使得公司更乐于投入资源进行员工培训，内部轮岗制度、在岗培训（OJT）制度能够得到真正贯彻和实施。企业每年还会选派优秀员工到海外工作，回国后能够得到快速晋升机会以及 10 年间总额合计约 2500 万日元的补贴。这一整套制度构建了三菱集团特有的企业文化，培育仅适用于本企业的不可复制迁移的企业特殊能力，这使得留在本公司内部，通过熬年限和资历的方式得到涨薪更加容易，而通过跳槽的方式获得涨薪反而更具风险。因为这种着重培养高度适用于本公司岗位和企业文化的能力的方式，使得员工跳槽时原有的资历和经验不一定会得到新公司的认可。这种制度保证了员工在一家公司中长期奉献的积极性，并从心理上真正认同公司的价值观。

第五，内部人治理还体现在外部独立董事和外部独立监事方面。三菱集团的外部独立董事或外部监事有过半数来源于三菱集团内的关联企业，只不过他们是从同一个集团的企业到同一个集团的另一家企业任外部董事或监事，但是他们依然属于同一个集团，所以并不能真正保证外部性和独立性。并且，很多外部董事

---

① 日本最高裁判所昭和五十年 4 月 25 日民集第 29 卷 4 号 456 页；日本最高裁判所昭和五十二年 1 月 31 日民集第 120 号 23 页。另外在 20 世纪 50 年代日本地方法院就已经积累了禁止公司不当开除员工的大量判例，日本最高法在 20 世纪 70 年代的两个判例只是对社会中已经形成的共识的一种确认。具体讨论参见 Sugeno, K, Yamakoshi, K. Dismissals in Japan Part One: How Strict is Japanese Law on Employers?[J].Japan Labor Review, 2014, 11（2）: 83-92.

和监事的董事会出勤率并不高，有的甚至不足六成。

第六，彻底贯彻"企业为家"的理念，真正培养员工对企业的忠诚度。三菱集团还面向内部员工提供婚介所，该婚介所仅面向由金曜会 27 家企业推荐的组织里的人员，包括三菱集团的 70 家核心企业的员工，以及 17 家外部协会的成员。其中，外部协会的成员包括日本律师协会会员、日本注册会计师协会会员、日本医生协会会员，以及著名大学校友会的会员。经由该婚介所撮合的内部成员结婚成功率非常高，这种类似于贵族之间通婚的方式，保证了三菱集团的资源和共同价值被内部人员保留，同时还通过内部人员连接了集团外部的精英，扩大了集团的影响力。并且，集团还提供内部育儿制度，主要企业均有内部的托儿机构。另外集团还提供面向内部员工的会员制俱乐部，帮助员工进行锻炼和疗养的同时，加强集团间各企业、各部门之间的人员交流和联系。集团还提供面向内部员工的保险，能以市价 1/3 以下的价格获得优秀的保障。

第七，通过大学校友会培养优秀毕业生和集团的联系。最著名的三菱集团关联大学有三家，分别是庆应义塾大学、东京海洋大学和成蹊大学。庆应义塾大学是与早稻田大学并列的顶级的日本私立大学，其创始人是福泽谕吉，他是日本解除闭关锁国理念的最重要的思想家之一，他也因此被印在一万日元纸币上。福泽家族和岩崎家族一直保持着联姻关系，岩崎家族也一直对庆应义塾大学的发展提供资金支持。另外，三菱集团曾经在成立初期开办过七年的大学，这家大学也积极招用庆应义塾大学的毕业生担任教员。三菱集团的重点 13 所话事人企业中，都有三菱和庆应义塾大学官方成立的校友会组织，即庆应三田会，庆应三田会是日本影响力最大的校友会之一，比如三田会在三菱商事中共有 1100 名会员。同时，隶属三田会的三菱集团关联企业董事会成员占集团所有董事的 15%，仅次于东京大学赤门会的 21%。

东京海洋大学的前身是三菱集团成立之初为培养船员而成立的三菱商船船员培养所，目前是日本最顶尖的海洋研究机构之一。成蹊大学的前身是日本七年制私立高中，是日本最顶尖的高中之一，后设大学。校名来源于中国典籍《史记·李将军列传》中的"桃李不言，下自成蹊"。成蹊高中由小弥太成立，由成蹊小学、成蹊初中、成蹊高中和成蹊大学组成的成蹊学园的历任理事长均来自三菱集团关联企业。日本战后任期最长的首相安倍晋三即毕业于该所大学，另外安倍家族和岩崎家族也一直保持着联系。安倍晋三的弟弟安倍宽信同毕业于成蹊大学，毕业后在三菱商事里一直做到执行董事，后成为三菱商事下属子公司三菱包装的董事长，从三菱包装公司退休后又回到成蹊学园，目前为成蹊学园现任理事。

另外，在非关联大学方面，热门的毕业生出身学校还包括东京大学、早稻田大学和一桥大学。这三所大学的校友会分别对应赤门会、稻禾阀和如水会。日本的名校校友会对公司人士选拔的影响非常大，以至于日本六大综合商社为了避免垄断不得不出台内部规定，不允许特定的几家大学毕业的毕业生做社长，比如丸红商社，作为总部在日本关西地区的著名综合商社，就在 2021 年出台了禁止关西地区名门大学的京都大学和大阪大学毕业的员工竞选社长。

第八，通过积极投资东京核心地段房地产，并开发东京心脏地带，紧邻东京站和日本皇居的"丸之内"地区的三菱村的方式，实现财产的增值保值和加强集团内部之间的联系。东京丸之内地区的三菱村集中了金曜会 27 家最核心公司中的 14 家，并且包含全部御三家。相邻的地理位置和共同的地产投资和开发，极大地加强了集团核心企业之间的纽带联系、业务交流和信息交流。

第九，通过积极投资和收藏艺术品的方式，实现财产的保值增值，并且为社会的公共活动做出贡献。除了三菱集团拥有的 20 处历史建筑群、公园，以及用作日本外事接待用途的迎宾馆，三菱集团目前有两处主要收藏场所。一个是静嘉堂，藏品共有 6500 件，另外一个是东洋文库，其收藏作品共计 100 余万册。两处收藏场所共有 12 件不可出境的国宝和 31 件被日本政府认定的国家重要文化财。另外，三菱还通过建设三菱博物馆和三菱美术馆的方式，对静嘉堂和东洋文库的产品进行定期展览，增加社会公众对三菱集团的认识和了解。

第十，通过成立各种财团的方式实现财富的保值和增值，其中最重要的财团当属三菱财团。三菱财团的捐赠财产来源于三菱集团金曜会的 40 余家企业捐赠。其从事的主要业务较为单一，即聚焦四大领域的捐助，包括自然科学研究、人文社会科学研究、社会福利事业和文化财修复和保存。从 1969 年成立至今，三菱财团共做出合计 200 亿日元的捐助。目前在自然科学领域，单一项目最多可以获得 1500 万日元的捐赠。^① 目前获得捐赠的项目已经有多项获得国际和日本国内重要奖项。由于三菱财团的捐赠目标比较单一，所以其财团的选考委员会成员均是来自相关领域的专家学者，运作方式也相对简单。

四、启示与评论

日本家族企业传承较少采用家族基金会的方式，而较多采用比家族基金会更隐秘的方式，家族成员均不显露在水面，这在像三菱集团这样的巨型企业传承时体现得尤其明显。这里面当然有日本作为二战战败国的原因，但是也同样说明了企业传承时不必拘泥于一种形式，日企显然在这方面走出了一条与欧美企业不同的财富传承道路。日企的传承方式主要有三种手段，一是总裁俱乐部，其帮助企业集团的各公司之间保持必要的联系和交流。二是培养内部人关系的公司治理制度，其有助于培养员工的忠诚度，塑造企业文化。三是建立交叉控股和主银行融资为主的金融制度，其为企业传承提供了稳定的不受外界干扰的财源支持。日企家族企业传承的这三种手段可以为中国国内的家族企业财富传承提供家族基金会和家族信托之外的第三条道路，具有一定的借鉴意义。

---

① 三菱財団について [EB/OL].（2022-06-21）[2022-07-28].https：//www.mitsubishi-zaidan.jp/about/index.html.

第四节　乘风破浪的家族巨轮：
台塑集团王永庆家族

一、王永庆与台塑集团

台塑集团王永庆的一生，堪称白手起家的经典。王永庆生于1917年，是台北一个贫穷茶农的儿子。1954年，王永庆、王永在兄弟利用开米店和做木材生意积累的资金创办了台湾塑胶公司，并于1958—1994年间陆续成立南亚塑料加工公司、新东方塑料公司、台湾化学纤维公司、轻油裂解厂，实现了纵向一体化，产品覆盖从PVC原料到塑料制品、纺织品的全产业链，发展成世界上生产人造合成纤维的领军企业。

截至2022年4月，台塑集团在全球范围内拥有雇员逾11万人，总资产达到1496亿美元，发展成为多元化的企业集团，也是台湾最大的民营企业。

2008年10月16日，台塑集团创始人王永庆去世，享年92岁。王永庆去世后留下价值55亿美元的巨额遗产和总资产860亿美元的商业帝国，并未留下任何遗嘱，但其实，王永庆和王永在兄弟早已对股权、企业、财富的传承和治理进行了规划和布局。

王永庆生前一以贯之的传承理念为"企业永续经营，永不分家"，为达到这一目的，王氏兄弟花了近20年时间对传承和治理进行顶层设计，并对此不断进行调整。一方面，台塑实现了"所有权信托、经营权共治"的传承模式；另一方面，王氏家族通过基金会、信托、多层持股、交叉持股等方式集中家族股权，并通过制度设计使家族成员掌控顶层基金会的理事会，使家族可以通过"股权＋任免权"随时重掌台塑。

在这样的传承规划和制度安排之下，王永庆未留遗嘱去世后的台塑虽历经诉讼和争产纷争，但王氏家族依然保持对台塑的控制权，所有权信托的三项股权安排也依然稳定。台塑这艘巨轮继续朝着王永庆生前的永续经营目标前进。

二、台塑集团的传承与治理设计

（一）"所有权信托"的股权安排

台塑"所有权信托"的股权安排，主要包含台湾非营利组织持股、集团子公司交叉持股和岛外信托持股。通过这些安排，王氏家族实现了"股权集中"和"家族成员优势控股"两个目的。

第一，王氏家族将股权置入台湾非营利组织和岛外信托，保证了股权不被分割，并由集团内公司交叉持股，保证了股权不被稀释，共同实现股权集中存续的目的。第二，王氏家族通过对基金会、信托内部决策权的控制，家族成员获得决策话语权，保障家族成员能够以实际控制人的身份监督台塑集团。由此，王氏家族最终真正实现台塑集团永续经营的目标。

1. 台湾非营利组织持股和集团内交叉持股

通过基金会、大学、医院等非营利组织对台塑集团内公司进行股权管控，将台塑集团股权锁入基金会和公益信托之中，是王氏兄弟集中台塑集团股权的一大途径（见图4-5）。

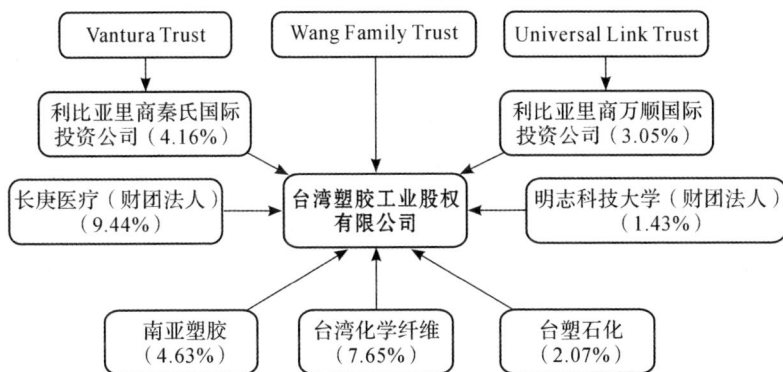

图4-5 信托、非营利组织、集团子公司持股台塑情况

一是台湾七个非营利组织持股。除最具影响力的长庚纪念医院，王氏兄弟二人以股权捐赠的形式在台湾设立了两个慈善基金会、两个公益信托和三所大学，均持有台塑集团"台塑四宝"（即台湾化学纤维、台湾塑胶工业、台塑石化和南亚塑胶四大上市公司）大量股权。除初始股权捐赠，这些非营利组织还不断加购股

票。因现金股利的发放，这些非营利组织不仅达到了自给自足，其年收入更是远远大于慈善捐赠支出，产生大量的资产结余。台塑的公益信托除每年将部分资金用于捐赠外，还不断斥资购买台塑集团上市公司的股票，使股权越来越集中于这些非营利组织。

二是长庚纪念医院持股。1976 年，王永庆兄弟通过捐赠台湾化学纤维公司股权的方式设立了以父亲王长庚命名的长庚慈善基金会，基金会的实际运营主体是长庚纪念医院。同时，两个公益信托也均以长庚纪念医院为受托人。因此，通过"基金会直接受赠股权 + 公益信托受托股权 + 增持股票"的模式，长庚慈善基金会成为台塑集团的"控股中心"。长庚慈善基金会持有台湾塑胶工业、南亚塑胶工业、台湾化学纤维及台塑石化公司的股份，是前三家上市公司第一大股东。

与此同时，"台塑四宝"之间实行交叉持股（见图 4-6），并以金字塔结构控股下属企业，由此形成利益共同体，为外部资本进入设置壁垒，可以有效防止股权分散。

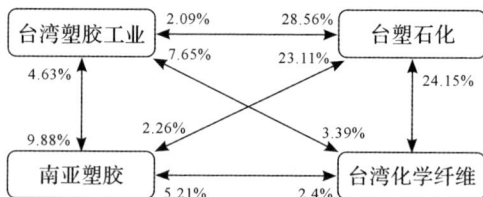

图 4-6 "台塑四宝"交叉持股情况

2. 通过制度设计控制基金会

王氏家族将一部分股权交由各非营利组织持有后，又通过制度设计实现对基金会的控制，并通过非营利组织影响台塑集团决策。

第一，基金会理事会由王氏家族成员掌控。长庚慈善基金会的决策机构为理事会。台湾规定，由家族出资成立的财团法人基金会，家族成员在理事会的人数不得超过 1/3。长庚慈善基金会的理事会成员为王氏家族成员、医院专业人士及知名社会贤达各五名，合计 15 名理事。基金会作为"台塑四宝"的股东在各公司可获一定席位，理事要想获得台塑集团"台塑四宝"的董事席位，必须得到长庚医院 2/3 以上理事同意，并由长庚医院推荐。

目前理事会中的社会贤达与王氏家族成员关系密切，对企业经营不甚熟悉的医院专业人士也倾向于支持医院的捐赠者。王氏家族目前在基金会内部仍掌握优势话语权，有能力决定"台塑四宝"中长庚董事代表的人选，一直以来基金会理事长也均由王氏家族成员出任。但是，随着王氏家族二代、三代家族成员的社会影响力降低，这一优势地位会越来越不明显，长庚医院有脱离王氏家族控制的风险。

第二，基金会可以指定董事进入"台塑四宝"董事会。"听命于母集团公司领导，不涉及四大公司业务"是长庚医院设立初始的基本态度，也是王永庆、王永在之间就企业治理达成的默契。基于此，即使长庚医院处于大股东地位，长庚医院法人代表最开始也仅出任"台塑四宝"无投票权的监察人，后因台湾上市公司监察人制度改革，长庚医院法人代表才开始出任有投票权的董事，影响力逐步加大。此外，长庚医院处于台塑集团"控股中心"的地位，如果长庚医院联合家族成员所持股权，凭借家族股权优势地位极力争取董事席次，很大程度上能够左右"台塑四宝"董监改选的结果。

3. 岛外信托持股

2002—2005 年，王永庆兄弟将股权和其他资产逐步置入岛外信托中（见图 4-7），除新威力信托（New Mighty Trust）为美国信托外，其余四个信托（Wang Family Trust，Vantura Trust，Universal Link Trust，Transglobe Trust）均为百慕大信托。

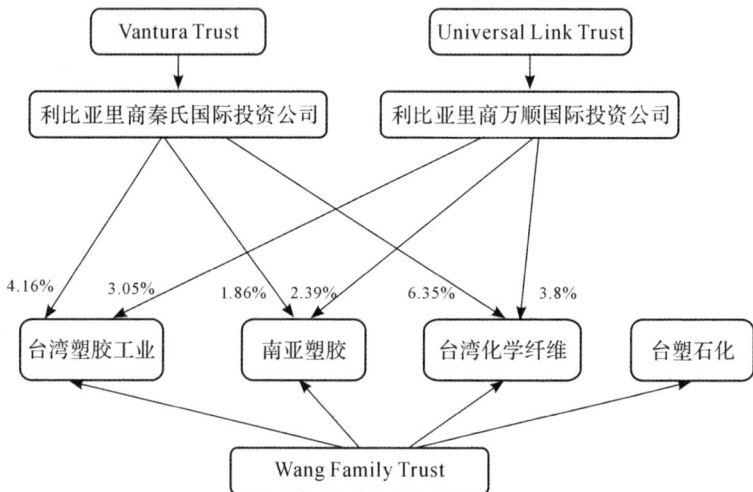

图 4-7　岛外信托对"台塑四宝"持股情况

每个信托由两层架构组成（见图 4-8）。第一层信托架构：

设立一家私人信托公司（PTC），由其作为信托受托人，管理和持有岛外投资公司所持有的台塑集团相关公司股权。第二层信托架构：设立目的信托，即由持牌信托公司作为受托人持有该私人信托公司的股份。

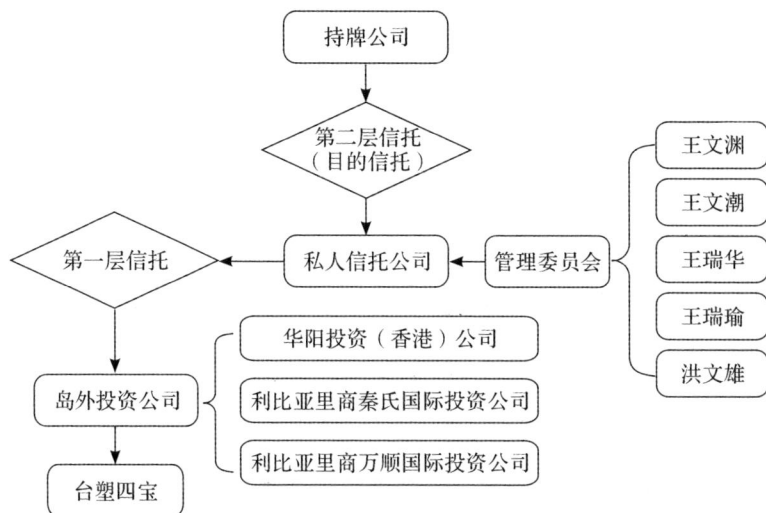

图 4-8 岛外信托持股架构

信托资产管理权的行使，采用在私人信托公司内部设立管理委员会的方式。管理委员会委员由王氏家族二代成员王文渊、王文潮、王瑞华、王瑞瑜以及"台塑账房"洪文雄五人出任。管理委员会按照信托成立的宗旨，行使私人信托公司所持有台塑集团股份的投票权。

一方面，王氏家族将股权锁入信托之中，不可撤销且不分配收益，这部分股权从王永庆个人资产中剥离出来成为一项独立财产，家族成员无法主张分割；另一方面，由王永庆指定的家族成员及企业高管组成管理委员会，参与管理信托财产。

（二）"经营权共治"的制度安排

除搭建持股架构集中股权外，王永庆兄弟为企业永续经营而着手安排的另一件事情是选任接班人。台塑内部决策机构的不断调整表明，王永庆、王永在以及后王永庆时代的交棒思路存在一个变化和递进的过程。

1. 阶段一：大家长式领导和长子继承

对于企业未来的安排，一开始王永庆和王永在的想法都是"子承父业"，王文洋是二人的首选。为了顺利交棒，一方面，王永庆严格训练王文洋，让其下厂实习，与员工同工同吃同住。另一方面，王永庆设立了一个决策辅助机构：总管理处（见图4-9）。王氏兄弟做出决策前也都会听取总管理处的稽核结果和建议，以保证决策最优化。

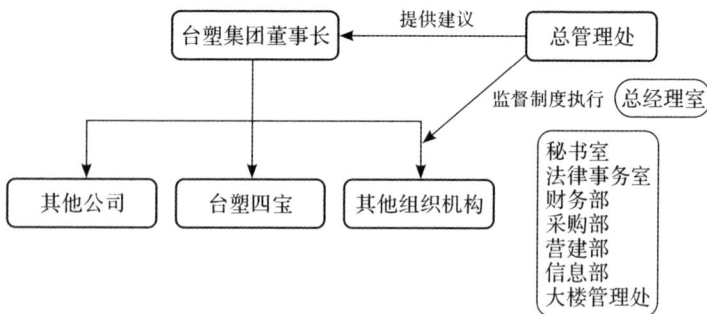

图4-9 总管理处内部结构

总管理处通过设立双层架构将制定制度和执行制度功能相分离。第一层为总经理室，负责企业制度的制定、对制度执行的监督以及制度的完善。第二层为直辖的职能部门，负责制度的执行，这样的架构设计让各部门人员各司其职，更加高效精准地保障公司正常运行。

2. 阶段二：元老级员工与二代分权共治的过渡

1995 年，王文洋婚外情曝光，导致台塑股票下跌，王文洋被逐出台塑集团。1998 年，南亚塑胶董监改选，王文洋仅有的南亚塑胶董事头衔也遭剥夺，王永庆规划的"子承父业"计划落空，不得不重新考虑交班计划。2001 年，王永庆宣布，考虑设置行政中心，以"集体决策"模式来交班。

对于行政中心的设置，王永庆的初始计划是直接由职业经理人全盘接手台塑。具体来说，行政中心成员由"台塑四宝"的董事长以及总管理处总经理组成，王氏家族成员不进入行政中心，而是另外组建家族委员会。行政中心成员定期向家族委员会报告公司重大决策。行政中心的五名成员位阶权力相同，总裁则由五位专业经理人轮流担任。这一计划遭到了王永在的反对，他认为应当给予家族成员公平的机会。基于此，台塑集团开启了传承的过渡模式：元老级员工与二代分权共治。王氏兄弟也达成了"经营权、所有权分离制"是未来企业经营最终方向的共识。

2006 年，台塑成立行政中心七人小组，王永庆、王永在宣布交棒给行政中心。该中心成为台塑集团最高决策单位，自此台塑进入集体决策阶段。七人小组的成员安排颇为巧妙，家族成员四人，元老级员工三人，家族成员占相对多数。在家族成员中，王瑞华、王瑞瑜代表王永庆一方，王文渊、王文潮代表王永在一方。这样安排的作用是平衡各方势力，一方面，王氏任何一方都不足以掌控大局，但只要家族成员团结，仍可使家族获得话语权；另一方面，职业经理人占相当比例，有利于小组合理决策（见表4-1）。

表4-1 行政中心七人小组

序号	组员	职位	家族关系
1	王文渊	台塑集团总裁、台湾化学纤维董事长	王家二代，王永在之子
2	王瑞华	台塑集团副总裁	王家二代，王永庆之女
3	李志村	台塑董事长	元老级员工
4	吴钦仁	南亚塑胶董事长	元老级员工
6	王文潮	台塑石化董事长	王家二代，王永在之子
6	杨兆麟	台塑集团总管理处总经理	元老级员工
7	王瑞瑜	台塑集团总管理处副总经理	王家二代，王永庆之女

3. 阶段三：家族成员监督、职业经理人治理的"经营权、所有权分权共治"

2008年，王永庆去世，得益于其生前已设立的治理结构，台塑集团运转正常。但是，王永庆生前所规划的"经营权、所有权分离制"的交棒布局尚未完成。2010年，行政中心七人小组成员达成"2015 年王家二代与三位元老级员工全面退出一线经营"的决议，预备在 4～5 年内完成交棒，使台塑集团进入"经营权、所有权分权共治"时代。为了推行交棒计划，七人小组制定了四阶段的方案：第一阶段，严格执行年满 65 岁的主管退休制度；第二阶段，总管理处不得督导业务单位；第三阶段，分批晋升职业经理人为经理级以上的高管；第四阶段，七人小组全面退出一线。

实际上，无论是家族成员治理还是职业经理人治理，都会遇到人员更替的问题，王氏家族在完成第一次交棒后，能够开始探索第二次交棒，这对台塑集团的永续经营是十分有利的。从七人小组推出的阶段计划看，他们关注的是"新老交替"和"监督"两个重点问题。首先，新老交替对台塑集团十分必要，王永庆在世时是永不退休的，所以元老级员工无人敢退，这导致台塑集团管理层出现了老龄化和断层问题，中生代的职业经理人无法上升，这很不利于下一轮的交棒。其次，总经理室有 15 个机构，总管理处下又直接设立了 15 个职能部门，总管理处成员较多，在设立前期会不可避免地和各业务公司任职人员存在重合。为了避免出现"球员兼裁判"现象，需要厘清兼有业务单位的职务，将制定制度、监督制度执行的权力集中于总管理处，实现对职业经理人日常执行事项的有效监督。

接着，交棒职业经理人逐步开始。2011 年，台塑石化董事长王文潮引咎辞职，陈宝郎接掌台塑石化并进入行政中心，台塑石化在四宝中首先达成职业经理人经营公司的目标。2013 年，南亚塑胶董事长吴钦仁退休卸任，交棒给南亚塑胶总经理吴嘉昭，行政中心的席次也由吴嘉昭接任。2015 年，李志村与总管理处总经理杨兆麟纷纷按既定规则退休转任顾问。2017 年，四位家族成员（王文渊、王瑞华、王瑞瑜、王文潮）退出行政中心，退居新成立的"管理中心"（见图 4-10）。

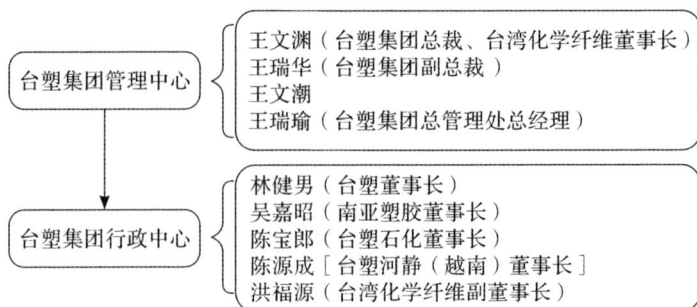

图 4-10 管理中心和行政中心成员

从公司治理来看，台塑集团采用的是"家庭成员＋职业经理人"共同治理的模式。常见的共同治理主要为家庭成员和职业经理人共同决策，或者将一部分日常经营权下放至管理层，家族成员保留重大事项决策权。台塑集团的家族成员则不参与一般性行政管理运作，而是以大股东身份参与集团长期督导，充分给予职业经理人自主决策权。

管理中心的设立使经营权与所有权相分离，实现了王永庆生前"职业经理人全面治理"的规划。台塑集团之所以敢大胆放权，是因为王氏家族通过信托持股等方式拥有对"台塑四宝"及其他公司董事会的优势话语权，一旦行政中心出现问题，王氏家族通过任命各公司董事长仍可掌控大局。

三、启示与评论

家族企业因代际传承，不仅面临股权分散、股权被稀释和被争夺的困境，还会面临决策控制、经营管理、外来资本等多方困境，要想家族企业永续经营传承，必须提前进行顶层设计，利用协议、股权架构等工具设立一套股权持股方案和企业治理方案，台塑集团王永庆兄弟的思维和安排十分值得借鉴。

从思维上看，王氏兄弟不仅懂得根据实际情况适时调整接班预期，而且还提前布局了阶段性的传承安排。在 1995 年王文洋被逐出台塑集团后，王永庆和王永在随即调整了接班计划，以"集体决策"模式来接棒。在接班模式调整的同时，在接班人问题上王氏兄弟还达成"经营权、所有权分离制"是未来企业经营最终方向的共识，并开启了配套的传承模式：元老级员工与二代分权共治。更为重要的是，在一代去世后，行政中心七人小组成员达成"2015 年王家二代与三位元老级员工全面退出一线经营"的决议，以使台塑集团进入"经营权、所有权分权共治"的新时代。由此可见，台塑集团历经接班三阶段，在一代去世后仍然能够运转正常且获得发展，与王氏兄弟提早布局、快速调整的理念不无关系。

从设计安排上看，为了能够实现"经营权、所有权分权共治"，王氏兄弟做了两方面的安排，一方面进行分工，通过制度设计，使家族成员不参与一般性管理事务，而是以大股东身份参与集团长期督导，充分给予职业经理人管理自由，实现"经营权、所有权分权共治"；另一方面则运用"股权＋任免权"，通过基金会、信托、多层持股、交叉持股等方式集中和稳定股权，将最终的话语权锁定在家族内部后，再通过制度设计赋予家族基金会可以指定董事进入"台塑四宝"董事会的权利，同时家族成员掌控家族基金会的理事会，使家族可以通过优势话语权随时重掌台塑。

王永庆善于用人，尤其善于利用外脑，这在其传承和股权设计中展现得淋漓尽致。台塑案例给我们最大的启示体现在以下三点。

第一，有条不紊、与时俱进的传承规划。王永庆在物色接班人时深思熟虑了几十年，从培养长子王文洋到七人领导小组，台塑集团先后经历了大家长式领导和长子继承、元老级员工与二代分权共治，以及家族成员监督、职业经理人治理的"经营权、所有权分权共治"的时代。

第二，精心策划，建立了包括岛外信托慈善基金会和多个上市公司的治理模式。一是通过基金会、大学、医院等非营利组织对台塑集团内公司进行股权管控，将台塑集团锁入基金会和公益信托之中，二是王氏家族又通过内部制度实现了对基金会的控制。

第三，注意家族文化的打造。如果说传承规划和治理模式是家族企业传承的硬件，那么家族文化的建设就是软件。从整个争产风波的逐渐平息可以看出，正因为王永庆有这样的人生观、价值观和金钱观，台塑集团才可以发展到今天，也正是这样的精神遗产，王氏家族才能较为理性大度、合情合理地解决家庭纠纷。王氏子女身上仍然依稀可见"经营之神"的影子。每个子女敬业勤劳，没有人躺在金山银山上坐享其成。王永庆在2004年给孩子们写过一封信，信中着重强调了财富观和价值观。首先是财富观，每个人只是上天托付暂时管理财富而已，并不能真的拥有它。其次是明确人生的意义，在于以一己之力对社会做出实质性的贡献。最后，希望子女能将所创造的财富奉献给社会。

在王氏家族的传承案例中，我们需要关注其对于传承和治理的设计和调整这一动态过程，因为即使对于同一个家族，也不存在一劳永逸的传承方案设计，必须根据情况不断进行动态调整。从某种意义上来讲，王氏家族尝试了所有可能的传承模式。由于信息披露的原因，我们对于其家族内部的治理架构了解有限，但是从王永庆先生留给子女的公开信中可以看出，他非常注重子女财富观和价值观的培育和发展，这是他对于传承和治理的顶层设计。

致儿女的一封信

子女们：

　　财富虽然是每个人都喜欢的事物，但它并非与生俱来，同时也不是任何人可以随身带走的，人经由各自努力程度之不同，在其一生当中固然可能积累或多或少之财富，然而当生命终结，辞别人世之时，这些财富将再全数归还社会，无人可以例外。因此如果我们透视财富的本质，它终究只是上天托付作妥善管理和支配之用，没有人可以真正拥有。面对财富问题，我希望你们每一个人都能正确予以认知，并且在这样的认知基础上营造充实的人生。

我本出生于贫困家庭，历经努力耕耘，能够有所成就。在一生奋斗过程中，我日益坚定地相信，人生最大的意义和价值，是借由一己力量的发挥，能够于社会做出实质贡献，为人群创造更为美好的发展前景，同时唯有建立这样的观念和人生目标，才能在漫长一生中持续不断地自我期许勉励，永不懈怠，并且凭以缔造若干贡献与成就，而不虚此生。

基于这样的深刻体会，因此我希望所有子女也都能够充分理解生命的真义所在，并且出自内心地认同和支持，将我个人财富留给社会大众，使之继续发挥促进社会进步、增强人群福祉之功能，并使一生创办之企业能达到永续之经营，长远造福员工与社会。与此同时，我也殷切期盼所有子女，在创业与日常生活中，不忘以服务奉献社会、造福人群为宗旨，而非只以私利作为追求目标，如此才能建立广阔和宏伟的见识及胸襟，充分发挥智慧力量，而不负生命之意义。

王永庆

2004 年 5 月 20 日

第五节　中国家族治理传承发展的里程碑：
鲁冠球三农扶志基金

　　鲁冠球是新中国第一代乡镇企业家的"常青树"，他白手起家将万向打造成为营收超千亿、利润过百亿的现代化跨国企业集团，其高屋建瓴的思想和精神更是鲁氏家族最宝贵的原生财富。2017年鲁冠球因病离世后，二代接班人鲁伟鼎将家族企业股权慈善信托作为家族治理传承的顶层结构，用慈善规划为家族传承做出了最好的选择。2018年，鲁冠球三农扶志基金正式设立，其是国内第一单上市公司控制权慈善信托，也是首个资产规模超过百亿的慈善信托，在我国财富家族治理传承和资本市场发展史上具有里程碑意义。同时，家族第三代崭露头角，家族慈善事业的开始，意味着鲁氏家族精神的传承和慈善基因的延续走在了家族财富传承的前面。

一、万向系企业发展史

（一）拓展多领域商业版图

1969 年，25 岁的鲁冠球东拼西凑 4000 元，带着六个农民，靠几把榔头，开办"宁围公社农机厂"，并自任厂长，万向集团从此起步。到 1978 年，鲁冠球的事业愈发红火，工厂已有 400 号人，年产值 300 余万元，厂门口挂着"宁围农机厂""宁围轴承厂""宁围链条厂""宁围失蜡铸钢厂""宁围万向节厂"五块牌子。1979 年，《人民日报》发表一篇社论《国民经济要发展，交通运输是关键》，鲁冠球下定决心专攻汽车底部传动轴和驱动轴的连接器——万向节，这便是"万向"之由来。

1992 年，鲁冠球击败国内所有的万向节专业制造工厂，其产品拥有全国 60% 的市场份额。这一年，鲁冠球开始涉足资本市场，筹备公司上市；同年家族二代鲁伟鼎正式进入公司管理层，出任万向集团的副总裁。1994 年，万向钱潮在深圳证券交易所上市。

万向于 1999 年开始布局清洁能源，发展电池、电动汽车、储能、分布式能源、风力发电等产业。2000 年后，鲁冠球在资本市场上的动作频频，逐渐缔造出万向的资本版图。万向集团先后控股了万向德农、承德露露、顺发恒业三家上市公司。其中，万向德龙和承德露露主营农业，划归万向三农集团旗下，顺发恒业则置入了万向的地产板块。由此，"万向系"规模形成，控股的上市公司达到四家，即万向钱潮、万向德农、承德露露和顺发恒业，业务领域横跨汽车零部件、新能源、农业和房地产等。

（二）布局国际市场

20世纪80年代改革开放初期，鲁冠球制定了"立足国内，面向国际"的工作方针。他率领员工研发60余种万向节，凭借产品的价低质优逐渐打开美国、德国、法国等老牌工业国市场。为立足国际市场，1994年，鲁冠球派出其精心培养的三女婿倪频前往美国设立万向的首家境外公司。面对竞争激烈的海外市场，万向美国公司直到1997年才敲开汽车巨无霸美国通用汽车公司的大门，正式成为通用的零部件供应商。1999年，万向美国公司拿下另一家汽车巨头福特，在美国逐渐站稳脚跟。

千禧年后，随着万向集团在国内资本市场大刀阔斧，万向美国公司在境外也开始快速收购的扩张之路。2001年，万向美国公司拿下美国霍顿保险控制权；2003年，万向美国公司创建了"万向制造基金"，邀请当地政界、商界的知名人士成为股东，融资方式包括贷款、发行债券、债权抵押等。同时，万向美国公司还与花旗、美林等全球知名金融机构建立了合作关系。2010年，万向集团与美国Ener1公司合资，在杭州建立全自动化电芯及电池生产基地；2012年，万向美国公司以2.566亿美元价格收购了美国最大新能源电池制造商A123公司；2014年，其收购美国菲斯科，并成立超豪华电动车Karma公司。万向的跨国公司的雏形初步形成。

二、鲁冠球家族的传承

（一）手把手培养接班人，开拓金融版图

鲁伟鼎作为鲁冠球唯一的儿子，从小被寄予厚望，很早便进入万向集团工作，在各种岗位轮转，而鲁冠球也每天亲自带鲁伟鼎上下班，手把手教他如何处理企业各种事务。1992 年 7 月，鲁伟鼎任万向集团总经理助理；12 月，任万向集团副总经理，兼任万向进出口公司总经理。1992 年底鲁冠球就把儿子推上了集团副总裁的位置，到 1994 年鲁伟鼎从新加坡学成归国后，鲁冠球直接把总裁位置交给了他，于是 23 岁的鲁伟鼎从父亲鲁冠球手中接过交接棒，于 1994 年 7 月，任万向集团董事局执行董事、总裁。

不同于鲁冠球的汽车梦，鲁伟鼎对金融和资本市场表现出了更大的兴趣。在他的带领下，1995 年通联资本前身深圳通联投资有限公司成立，1996 年万向租赁成立，1999 年通联期货前身万向期货成立，2000 年通联创投前身万向创业投资股份有限公司成立。2001 年，中国万向控股有限公司成立，将深圳通联、万向租赁、万向期货、通联创投等金融投资公司收编，成为万向金融平台。2002 年，万向成立了浙江第一家财务公司——万向财务，统领万向旗下所有资金的进出。

万向通过控股参股等方式取得了银行、保险、基金、信托、

期货等金融牌照，金融王国基本上组建完毕，而鲁伟鼎正是这个王国的实际控制人。所以无论从二代继承一代基业，还是从二代创业发展上看，万向都实现了在传承中发展。因为鲁伟鼎的金融王国在自身盈利的同时，还给万向的国际化提供了必需的资金支持。

（二）家族成员各担重任

除鲁伟鼎外，鲁冠球膝下育有三女，分别是鲁慰芳、鲁慰青以及鲁慰娣（见图4-11）。

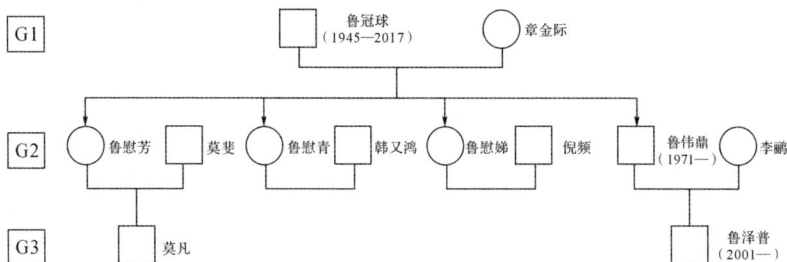

图 4-11 鲁冠球家族图谱

大女儿鲁慰芳，任万向集团北京办事处总经理一职，其夫莫斐因心脏病突发在 2012 年去世，终年 49 岁。1980 年莫斐进入万向工作时才 17 岁，后与鲁慰芳结为夫妻，曾任办公室主任。1992 年，万向筹办第一个战略性驻外机构——北京代表处，鲁慰芳、莫斐夫妇远走他乡，担起重任。1993 年，莫斐任北京联络处主任；次年，成为集团董事局董事。去世时，他还身兼集团首席代表、承德露露监事会主席、万向德农董事等职。

二女儿鲁慰青之夫韩又鸿，在万向工作了近 30 年。据工商注册资料显示，韩又鸿任万向资源的总经理，万向资源是万向集团的全资子公司，主要业务包括有色金属、黑色金属和能源三大板块，是"万向系"中重要的贸易和投资平台。同时，万向资源对外投资设立万向资源（新加坡）、上海东展船运、万向石油储运（舟山）、浙江大鼎贸易等多家下属公司，且是顺发恒业控股股东和中色股份的第二大股东，韩又鸿还兼任中色股份董事。

三女儿鲁慰娣之夫倪频在 2002 年被任命为万向集团副总裁，同时兼任万向美国公司总裁，常驻美国。在倪频的管理之下，1999 年，万向美国公司收购了 QA1 公司股份；2001 年，万向收购了纳斯达克上市公司 UAI 公司，开创中国民营企业收购海外上市公司先河；此后，万向又收购了美国历史最悠久的轴承生产企业 GBC 公司……目前，万向海外已从单一的产品销售扩大到国际资源配置，在 10 个国家拥有 22 家海外公司，构建涵盖 60 多个国家和地区的国际营销网络。除了汽车配件，倪频还将业务拓展到清洁能源、房地产、电动汽车等领域。万向海外的收入一度逼近集团主营收入的 30%，倪频是最大功臣。

除了独子鲁伟鼎，三个女儿被派到各地，与丈夫一起负责当地的业务。这种子女分散的接班模式，既避免了矛盾，又激励子女之间相互竞争。从鲁冠球去世后万向集团实际控制人平稳过渡的事实来看，显然鲁冠球在生前已经为万向集团做好了长远规划，四子女协作接班，对独子鲁伟鼎委以重任，女儿、女婿深入协助家族企业发展。

三、家族慈善基金架构的应用

万向三农是"万向系"旗下核心企业之一，与万向集团、万向控股构成三大旗舰平台。鲁伟鼎作为万向三农实际控制人，通过万向三农分别持有上市公司万向德农 48.76%、承德露露 40.68%、航民股份 6% 的股份。2018 年 6 月 27 日，鲁伟鼎基于慈善目的将其持有的万向三农 6 亿元出资额对应的全部股权无偿授予鲁冠球三农扶志基金，并签署了《鲁冠球三农扶志基金宪章》《鲁冠球三农扶志基金章程》《鲁冠球三农扶志基金慈善信托合同》等文件，另确定万向信托作为慈善信托的受托人，指定其子鲁泽普为信托监察人。

2018 年 6 月 29 日，万向信托作为受托人完成全部信托文件签署，鲁冠球三农扶志基金正式成立，并完成在杭州市民政局的慈善信托备案。由于该慈善信托涉及多家上市公司股权转让，万向德农、承德露露、航民股份分别对外披露关于公司实际控制人 / 股东设立慈善信托的提示性公告及相应反馈意见。10 月 8 日，承德露露和万向德农分别披露鲁冠球三农扶志基金"豁免要约收购义务获得中国证监会核准"及"万向三农集团有限公司完成工商变更登记"的事项，并公告了《收购报告书》及券商独立财务顾问报告和律所法律意见书。至此，经过一系列证券法律法规规定的程序后，鲁冠球三农扶志基金的设立工作全部完成（见图 4-12）。

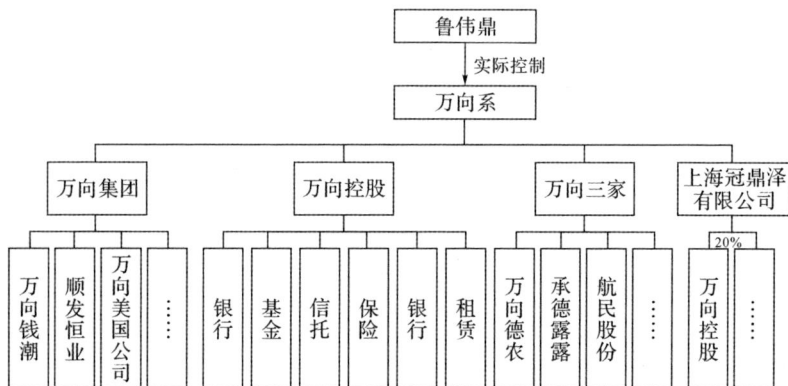

(a) 演变前

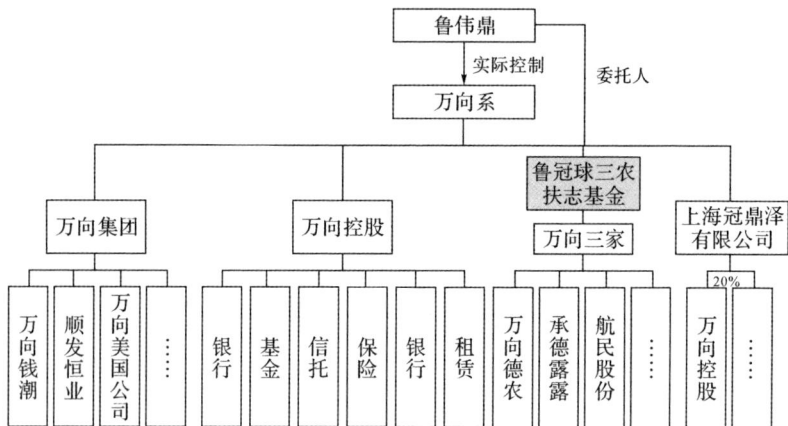

(a) 演变后

图 4-12　万向集团架构

（一）基本情况

鲁冠球三农扶志基金采用的慈善信托架构（见图4-13），是指委托人基于慈善目的，依法将其财产委托给受托人，由受托人按照委托人意愿以受托人名义进行管理和处分，开展慈善活动的行为，属于公益信托。

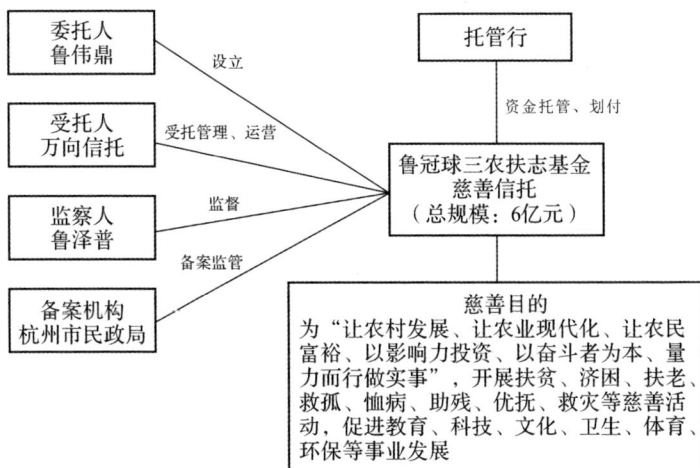

图 4-13　基金会信托架构

1. 信托财产及相关持股结构

本慈善信托的信托财产是鲁伟鼎持有的万向三农6亿元出资额对应的全部股权。由于万向三农持有多家公司包括上市公司的股权，本慈善信托设立后，鲁冠球三农扶志基金成为万向三农100%的控股股东，并通过万向三农间接控股或参股多家公司，包括上市公司万向德农、承德露露、航民股份（见图4-14）。

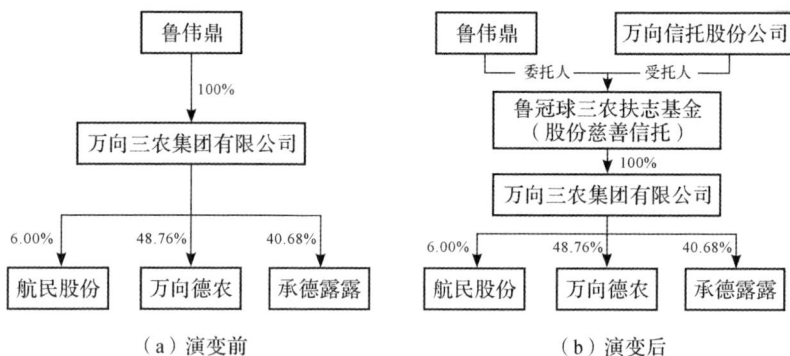

（a）演变前　　　　　　　　（b）演变后

图 4-14　万向三农集团架构

2. 运作安排

委托人鲁伟鼎确定万向信托作为慈善信托的受托人。慈善信托章程规定了避免利益冲突的条款，不得指定任何与委托人、受托人有利害关系的人作为本慈善信托的受益人。鲁伟鼎于 2018 年 6 月 27 日做出了《万向三农集团有限公司股东决定书》，将其持有的万向三农 6 亿元出资额对应的全部股权作为信托财产，设立本慈善信托，并签署了《鲁冠球三农扶志基金宪章》《鲁冠球三农扶志基金章程》《鲁冠球三农扶志基金慈善信托合同》等文件。鲁伟鼎签署了《信托监察人指定书》，指定其子鲁泽普为信托监察人。6 月 29 日，受托人万向信托签署上述文件，设立慈善信托。

3. 配套文件及管理机构设置

《鲁冠球三农扶志基金宪章》《鲁冠球三农扶志基金章程》《鲁冠球三农扶志基金慈善信托合同》是本慈善信托的运行基础，根据这些文件，慈善信托及其收益全部用于慈善目的。受托人对慈善信托财产的管理、运用必须严格遵守《鲁冠球三农扶志基金宪章》和《鲁管球三农扶志基金章程》的规定，宪章、章程和合同是本慈善信托规范管理、合法运作的有力保障。

本慈善信托是以信托法律关系为基础设立的慈善信托，实行董事会决策、受托人管理、监察人监督的治理结构和决策机制，其设立和存续充分体现并执行鲁伟鼎作为委托人的意愿。根据章程和合同的规定，由慈善信托秘书接收《慈善资助建议书》并初步审核，通过提交董事会审批。审批通过后，受托人依据董事会决议执行，以确保慈善财产用于慈善目的。董事会是鲁冠球三农扶志基金的决策机构，决定本慈善信托基金投资于运营管理的重大事项、议事规则、年度收支预算及决算、资助对象、资助计划以及万向三农的股权表决意见等。

本慈善信托设置监察人，如果监察人有理由相信信托财产处分违背本慈善信托的宪章、章程及合同规定，则有权要求相关机构或个人进行纠正，尤其是要求监督万向信托更好地履行管理职责。本慈善信托的首任监察人是鲁泽普。

4. 监察人

本慈善信托设置信托监察人，并对监察人的选任及到期更换等机制做好了充分安排。监察人有权了解信托财产的管理运用、处分及分配情况，以确保鲁冠球三农扶志基金董事会、慈善秘书、受托人等严格按照法律规定、信托文件约定和诚实原则履行职责，并有权要求上述机构或个人做出说明，确保鲁冠球三农扶志基金信托财产按照信托文件的规定用于慈善用途。受托人违反信托目的处分信托财产或者管理运用、处分信托财产有重大过失的，监察人有权要求受托人纠正信托财产管理运用方式、承担赔偿责任；情节严重的，信托监察人可更换受托人。

（二）主要特点

1. 采取家族企业股权慈善信托架构

为什么鲁冠球三农扶志基金采用慈善信托架构呢？相对而言，慈善信托具有以下比较优势：设立成本较低；设立流程较为简化；没有支出比例限制；终止更加灵活；信托公司作为受托人的慈善信托具有较强的造血功能，能够实现持久慈善；监管更加严格；投资范围广泛；等等。可以置入慈善信托的财产种类较多，因此慈善信托具有多种形态，股权慈善信托就是其中极其重要的一种。

2. 构建两个三角形制衡结构

鉴于我国现行法律法规对私益性基金会存在一定限制，鲁氏家族基于我国慈善信托制度来搭建家族慈善基金顶层结构，建立了"规则＋治理＋慈善信托"的稳定三角形结构，如图4-15（a）所示，能够在现有法律法规体系下兼顾灵活、效率和可行性，在家族控制和慈善意愿之间寻求一种有效的平衡。

同时，鲁冠球三农扶志基金采用三角形结构，将慈善信托制度、上市公司治理结构和家族慈善治理结构三者融于一体，如图 4-15（b）所示。万向三农是一家全球性企业，鲁冠球三农扶志基金的运作与万向三农参控股企业的运营情况紧密结合，万向三农成为产业投资、慈善捐助和基金股东的贯通枢纽和支撑力量。

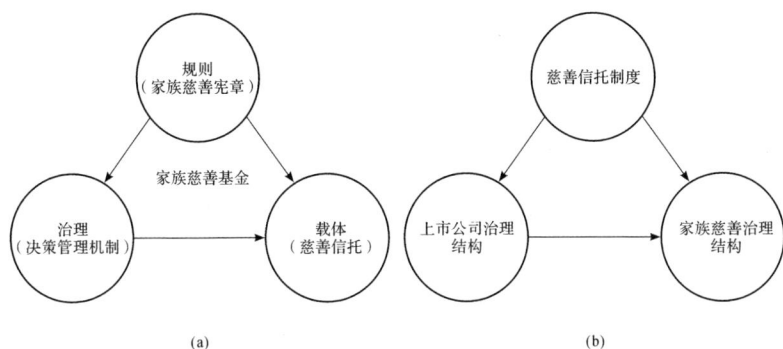

图 4-15　鲁冠球三农扶志基金三角形结构

3. 宪章为魂

《鲁冠球三农扶志基金宪章》共八章，包括设立、信托财产、宗旨、价值观、期限、制度、撤销权和修改权。虽然宪章并非为每个股权慈善信托所必需，但鲁冠球三农扶志基金的宪章是该慈善信托的灵魂所在。基金宪章承载了鲁冠球的遗愿和期许，是信托资产存续、运营、处分的最高准则，因此是该股权慈善信托运行的制度依据，还为基金后续的灵活运行提供了权利保障。

4. 实行董事会决策、受托人管理、监察人监督的内部治理机制

董事会是鲁冠球三农扶志基金的决策机构，其成员由 3～15人组成。首届董事会成员由设立人确定，包括设立人在内共五名

董事，多数为家族成员。首届董事会董事长由设立人担任，董事长的继任人选由设立人或信托监察人优先从设立人的儿子或其他晚辈直系血亲（有血缘关系的亲属）中指定；无法按照上述要求指定的，可在符合《基金章程》规定的提名人选中由设立人或信托监察人指定董事长接任人选。

万向信托作为受托人，依照信托文件的规定来履行受托人职责，承担信托财产的管理、运用和资助等具体事务，以信托为载体，明确财务管理制度和信息披露等规范，保障基金专业、稳定地运营。

监察人由设立人鲁伟鼎长子鲁泽普担任。监察人之所以重要，在于其拥有《信托法》与《慈善法》等法律赋予的地位，能够在受托人违反《信托合同》时采取适当的手段予以纠正。监察人的设置，是对家族慈善信托架构的最好完善与补充。

由于慈善信托是一个契约载体而非实体法人，在具体项目运作中存在诸多不便，万向三农将之前设立的民生通惠公益基金会作为鲁冠球三农扶志基金公益项目的执行载体，形成了慈善信托管理资产、民生通惠公益基金会执行和运作公益项目的模式（见图4-16）。在现行法律体系下，民生通惠公益基金会的参与，可以支持万向三农及"万向系"其他成员的捐赠享受税收优惠政策。

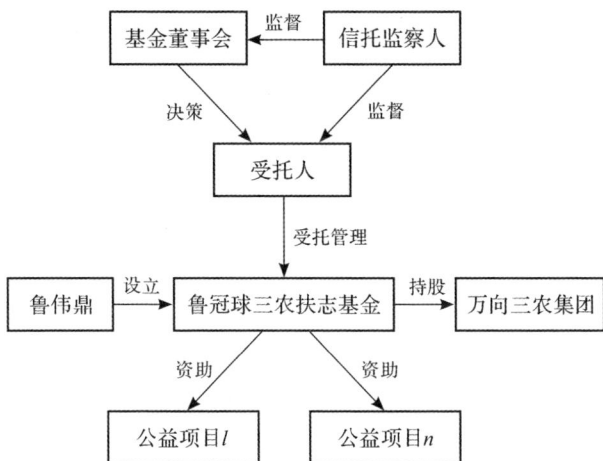

图 4-16 鲁冠球三农扶志基金架构

5. 形成企业经营、产业扶志、公益慈善的联动模式

"产业扶志，以经营的思维做慈善"，是鲁冠球三农扶志基金的运作理念。基金通过影响力投资，带动就业增加、农民增收、环境改善。万向三农作为基金的全资子公司，围绕"三农"展开产业板块，涵盖种植业、养殖业、捕捞业、农资、农技、农产品加工、农村小微金融等领域，坚持以产业引领，带领农民脱贫致富。基金通过万向三农开展对外投资并发展相关产业，万向三农的持续发展将不断拓展实业投资和慈善捐助的边界，充实基金的实力。"带动一个产业、发展一片经济、造福一方群众、保护一地环境"，是万向三农对农业的每一项投资都严格遵守的准则。

信托文件中就慈善项目的筛选和执行资助制定了规则，作为慈善资助的管理办法。项目筛选后由慈善秘书就项目制定管理办法，报基金董事会批准后执行，作为每个资助项目管理的依据。资助的资金来源是万向三农的经营所得，由万向三农董事会根据公司可持续发展的需要以及股东鲁冠球三农扶志基金资助项目的计划，制定利润分配方案并提交股东鲁冠球三农扶志基金审议批准。

四、启示与评论

在国外，基金会解决的是产权传承的问题，而信托解决的是家族治理的问题，是家族控制权的集中体现。在我国现行的法律环境下，家族慈善基金会和家族慈善信托均具有公益的属性，是两种经常使用的财富家族治理传承顶层结构，而且经常被搭配使用。在家族股权慈善信托顶层结构的设计过程中，要始终围绕三个核心问题：控制权及继承权问题、持续运营的机制设计、公益灵活性但不走样。核心问题是控制权，因为传承始终是基于财产的，财富的传承是财产所有权的传承，家族精神的传承则是财产控制权的传承。要考虑好哪些是不能轻易改变的，哪些是需要与时俱进的，并留足以商业方式开展慈善的空间。

鲁冠球三农扶志基金对于家族控制权和继承权的设计思路，值得中国财富家族和家族财富管理行业从业者借鉴。

（一）通过主动管理，强化家族控制权

鲁冠球三农扶志基金的设立人为鲁伟鼎。基金宪章规定，宪

章是鲁冠球三农扶志基金信托文件的一部分，是信托资产存续、运营、处分的最高准则，鲁冠球三农扶志基金决策、管理和监督所涉及的机构或个人，均无例外地服从宪章的规定。宪章由设立人于鲁冠球三农扶志基金成立日生效。除非经设立人同意，任何机构或个人无权在鲁冠球三农扶志基金设立后修改宪章的条款。

鲁伟鼎作为鲁冠球三农扶志基金的设立人，拥有基金章程提议修改权、鲁冠球三农扶志基金董事任免权、董事会解散权，能够控制鲁冠球三农扶志基金的董事会，进而控制万向三农董事会，系鲁冠球三农扶志基金的实际控制人。

（二）设计监察人机制，关联家族继承权

慈善信托的委托人根据需要，可以确定信托监察人。《中华人民共和国慈善法》之所以没有将设立监察人作为强制性义务，主要考虑了两个方面：第一，慈善信托的设立人（初始委托人）依法享有监督权，在委托人能够保护信托财产、监督受托人的情况下，可不设监察人，以降低信托财产的运营成本；第二，如果委托人在慈善信托设立后不参与信托财产的管理、运营，在此情况下，就立法初衷而言，设立监察人有利于保证慈善目的的实现。

鲁伟鼎设立鲁冠球三农扶志基金，并作为董事长和实际控制人全面参与鲁冠球三农扶志基金的治理和运营。短期来看可以不设信托监察人，但从长远来看，鲁冠球三农扶志基金设立信托监察人有以下考虑。

第一，设立信托监察人是体现鲁伟鼎的意愿，对董事会、受托人的履职行为以及信托财产的慈善运用起到监督作用。在若干年后，当鲁伟鼎因客观原因不再是实际控制人时，或者其后代不再是实际控制人时，可以通过信托监察人制度保障慈善目的实现。

第二，由鲁泽普担任信托监察人有利于慈善事业的传承。信托监察人虽然不直接介入经营决策，但享有列席董事会、获取经营管理信息等知情权，鲁泽普通过担任慈善信托监察人可以不断获得慈善信托的运作经验，通过传承鲁伟鼎的意志和策略，进一步优化鲁冠球三农扶志基金和上市公司的治理，更好地保护上市公司和投资者的利益。

第三，鲁泽普是鲁伟鼎的儿子，由其担任信托监察人，可以在顾问机构的帮助下，履行其监察人职责。将来亦可以在合适的时机，由信托监察人转任基金董事长，从而平稳地实现慈善事业在两代之间的传承。在其未履职期间，鉴于鲁伟鼎的实际控制人地位，鲁冠球三农扶志基金的运营不受影响。

第四，依据基金章程的规定，鲁伟鼎有权变更或重新指定信托监察人。从动态的角度来看，在鲁冠球三农扶志基金设立并完成收购后，鲁伟鼎作为实际控制人，是基金和上市公司的掌舵者，可以根据具体情况及时做出相应的、积极的应对，保护上市公司和中小投资者利益。

在我国现行法律体系下，股权慈善信托作为家族治理传承顶层结构，其在鲁冠球三农扶志基金中的创新实践，是资本市场里无先例的重大案例（慈善信托间接收购上市公司），为中国财富家族传承史写下了浓重的一笔，也为家族治理传承顶层结构创造性的设计和运用打开了无尽的想象空间。

参考文献

[1] 柏高原，等. 上市公司股份慈善信托的困境与出路 [J]. 家族企业，2018（8）：117-120.

[2] 卞一州，等. 上市公司设立慈善信托的障碍与难点 [J]. 家族企业，2020（8）：123-126.

[3] 财通证券. 经财通证券推动中国首单通过设立慈善信托"鲁冠球三农扶志基金"完成上市公司收购并取得要约豁免项目落地 [EB/OL].（2019-12-04）[2022-04-12].https：//mp.weixin.qq.com/s/1Ptfs_wNr4-p4QDzAnkwDw.

[4] 蒂夫特，琼斯. 报业帝国——《纽约时报》背后的家族传奇 [M]. 吕娜，译. 北京：华夏出版社，2007.

[5] 公益时报. 我国最大慈善信托如何运作？两年增长超三十亿元，资产规模超百亿元 [EB/OL].（2021-03-10）[2022-03-04]. https：//cj.sina.com.cn/articles/view/1881124713/701faf6901900v4f9.

[6] 胡宏伟. 鲁冠球：一位中国农民、改革者、企业家的成长史 [M]. 杭州：浙江文艺出版社，2021.

[7] 李泳昕. 为何越来越多的财富家族青睐股权慈善信托？[J]. 家族企业，2019（4）：120-122.

[8] 李元龙. 家族慈善基金：实务框架和设计原则 [M]// 张智慧. 中国家族办公室管理前沿 [M]. 上海：复旦大学出版社，2019：302-

307.

[9] 鲁伟鼎.在鲁冠球追悼会上的答谢词——最可爱的父亲 [EB/OL].（2017-11-01）[2022-04-12]. http://www.nbd.com.cn/articles/2017-11-01/1158007.html.

[10] 屈丽丽.鲁冠球：企业家和改革者的一生智慧 [J].家族企业，2017（12）：78-81.

[11] 魏江.鲁冠球：聚能向宇宙 [M].北京：机械工业出版社，2019.

[12] 沃德.永续经营：成功家族企业的 50 条法则 [M].陈宁，高皓，译.北京：人民东方出版传媒有限公司，2014.

[13] 谢舒.鲁伟鼎：最好的传承 [J].中国慈善家，2019（3）：52-54.

[14] 新财道财富管理股份有限公司.家族财富管理之道：目标管理下的系统规划 [M].北京：中国金融出版社，2017.

[15] 张永.慈善信托的解释论与立法论 [M].北京：中国法制出版社，2019.

[16] 张永.慈善信托典范——鲁冠球三农扶志基金慈善信托 [EB/OL].（2020-01-02）[2022-04-11].https://mp.weixin.qq.com/s/i0eckbe5ZkDWstlf_zaSag.

[17] 郑晓芳."鲁冠球三农扶志基金"慈善信托的运作机制 [J].家族企业，2021（11）：126-129.

[18]Bähr，J，Erker，P. Bosch： Geschichte eines

Weltunternehmens[M]. Muenchen：Verlag C.H. Beck，2013.

[19]Pejovic，C. Japanese Corporate Governance： Behind Legal Norms[J]. Penn State International Law Review，2011，29（3）：483-521.

[20]Sugeno，K，Yamakoshi，K. Dismissals in Japan Part One： How Strict is Japanese Law on Employers?[J].Japan Labor Review，2014，11（2）：83-92.

[21] ダイヤモンド編集部.三菱グループ御三家による「三菱自救済」から、重工が足抜けできた理由 [EB/OL].（2020-08-21）[2022-07-28].https：//diamond.jp/articles/-/24648.

[22] 三菱財団について [EB/OL].（2022-06-21）[2022-07-28]. https：//www.mitsubishi-zaidan.jp/about/index.html.

[23] 毎日新聞.燃費不正、経営に打撃…グループ支援不透明 [EB/OL].（2016-04-23） [2022-07-28].https：//mainichi.jp/articles/20160423/k00/00m/020/132000c.

第五章

围绕顶层结构的家族服务生态

在家族成长过程中，家族及其事业系统的重叠或分离往往直接决定了家族的未来发展走向，家族与事业的治理、家业的代际传承需要制度性的治理结构才能连接协同。在最理想的情况下，家族包含完整的家族系统、事业系统，并且根据专业机构的针对性建议选择适合自己的顶层结构。但是在现实世界中，家族及其事业系统往往有不同的呈现形态，如家族企业集团、金融家族或仅有核心家庭的高净值家族。世界上没有两棵相同的榕树，本书试图用更加模型化、逻辑化、步骤化的理念，倡导家族在与服务机构合作的过程中需要始终明确自己的家族主体地位，以家族蓝图为起点，理智选择并不断完善自身的家族治理与传承顶层结构。

本书第二章到第四章从实践角度详细介绍了家族基金会和家族信托作为专业工具，如何根据家族的实际需求搭建家族治理与传承的顶层结构，实现一张家族蓝图绘到底。从理念到设计的过程往往要以家族自身为主体，而从顶层结构设计到专业工具落地的过程则更多需要家族与专业机构共同合作，最终围绕家族形成良性的服务生态。

第一节　家族顶层结构的落地执行

在家族治理与传承中，家族应主导家族蓝图的梳理，凝聚家族共识，并在专业机构的辅助下强化家族治理，完成家族顶层结构的设计，并最终以专业机构为主实现专业工具的落地执行，打通这三个层次才能真正实现家族及其事业系统的高效治理和有序传承。

本书选择了结构性工具中隔离性和专业性较强的家族基金会和家族信托两种专业工具，而在全世界范围内，由于法系不同，大陆法系国家的财富家族和高净值人士更多使用家族基金会作为财富管理、资产隔离、传承规划的工具，而英美法系下信托则更为常见，但慈善基金会的运用也非常广泛。中国在法律层面对基金会和信托两种工具均较为推崇，但在具体落地中，基金会暂时只能用于纯公益目的，而家族信托已广泛落地，其灵活运用的配套法律体系仍在逐渐完善中。在此情况下，本书仍重点强调了海内外各超级家族对家族基金会和家族信托的实战运用，希望各位读者能将家族基金会的理念、家族信托的架构置于同一个分析框架中。

　　回归到华人家族的榕树模型，家族基金会解决的是产权问题，将家族所创造的所有财富归集到同一个资金池——家族基金会，并设立专门的基金理事会进行整体管理，与家族委员会、基金会旗下企业董事会之间协同行动，彻底分离家族成员、家族所有权和家族企业，并以基金会为载体，支持家族成员的多元化事业发展、家族公益慈善，并形成专门的家族成员培养体系。家族基金会作为独立法人，具有更为彻底的独立性，避免被关联方的责任和风险波及，同时基金会以发起人为中心的治理机制可以充分发挥家族的管理与运作能力，不受其他机构的制约。

　　家族信托作为一种法律安排，具备极强的灵活性，借助受托人对于信托条款的忠实履约，可以实现风险隔离、定向激励、制定传承等功能。同时，信托公司作为受托人，可根据委托人不同的风险偏好，跨行业、跨领域进行资产配置，在投资顾问的协同下，充分发挥财富保值增值的功能。家族信托的资产可投资种类也非常丰富，借助信托公司的机构优势，可以配置不同服务机构发行的各类金融产品，如券商资管产品、公募产品、私募产品、股权、合伙企业份额、保险产品、不动产等。丰富的投资种类有利于家族信托构建最优资产配置组合，实现受益人利益最大化。

　　因此，在顶层结构的具体落地中，往往可以采取"家族基金会+家族信托"的组合工具，充分发挥家族基金会的产权归集与隔离作用，以及家族信托的灵活性、金融性等优势，配合家族治理中的家族委员会、家族宪章等机制，以及企业中的董事会、高管治理等机制，实现家族及其事业系统的整体顶层结构设计，并在基金会外部顾问、信托公司、慈善组织、律师、税务师和财富管理等第三方机构的共同服务下，共同致力于创富家族治理与传承的方案落地。

展望下一个发展周期，"规范、安全、共富、传承"是每一个中国财富家族和家族企业面临的共性需求，也是家族服务生态圈从业机构和人员所要解决的主要问题。在党的二十大关于"规范财富积累机制"的要求下，一方面，治理与合规将成为中国家族传承的主线，规范和扶持的法律法规将越来越健全，很多禁锢多年的实务操作瓶颈将实现突破；另一方面，家族服务生态将更加放眼全球，西风东渐，域外成熟市场监管合规经验的持续导入，家族基金会、家族信托和家族办公室等治理传承顶层结构的价值和功能将会越来越受重视，并越来越频繁、越来越规范、越来越灵活地被使用。家族基金会顶层结构的发展，预计会在以下方面取得突破：第一，中国财富家族对家族基金会功能和价值的认识与运用，将突破公益慈善；第二，家族基金会与其他结构或工具的组合运用将越来越多样，越来越灵活；第三，家族基金会在坚持公益的前提下，如何实现与自益、他益诉求的结合，需要共同探索与破题；第四，将有越来越多的精英人士进入家族基金会领域。

近年来，信托行业发生较大变化，许多信托公司纷纷回归信托本源业务，布局家族财富管理业务，家族信托因此迎来了良好的发展时机。截至 2022 年，中国境内的家族信托业务已经走过近 10 年的发展历程，市场环境、监管环境逐渐成熟。突如其来的疫情，让不少高净值人士意识到风险的不可预测性，他们开始主动寻找财富管理工具，对家族信托渐渐从认识走向了认可。依托政策制度优势，家族信托在财富个性化传承、风险隔离、资产配置、子女教育等方面均具有积极作用。它能够有效帮助家族实现财富平稳传承，通过信托合同约定及受托机构的管理，减少财富代际传承中可能面临的风险及纠纷；它能够帮助高净值人士规避风险，运用信托财产独立性的制度优势，将信托财产与高净值人士自身财产相隔离，从而规避未来可能面临的经营风险对家族财富的影响。随着居民财富不断积累，高净值家庭数量越来越多，财富管理的需求不断涌现，未来 10 年是财富代际传承的高峰期，在这样一个大背景下，未来家族信托具有广阔的发展空间。届时，不论是人们对家族信托的认知，还是国家政策对家族信托的支持，都将进入新的阶段，家族信托在家族财富管理工具中的地位将越来越重要。

党的二十大明确提出中国式现代化是全体人民共同富裕的现代化，共同富裕是中国特色社会主义的本质要求。在党的十九届五中全会中，就已明确把"全体人民共同富裕取得更为明显的实质性进展"作为 2035 年我国发展的总体目标之一。可以预测未来居民收入势必将有更大提升。在此背景下，居民财富的管理、传承日益成为社会的关注重点。财富管理市场发展正当时，金融机构不断推出私人银行、家族信托、保险计划等多种多样的财富管理工具，私募基金、联合家族办公室等第三方财富管理公司也开始介入其中，更有超高净值家庭效仿域外经验纷纷组建管理本家族资产的单一家族办公室。根据媒体报道，国内冠以"家族办公室"或类似名称的机构高达上万家，颇有"忽如一夜春风来，千树万树梨花开"之势。有人戏称财富管理市场发展不是"方兴未艾"，而是"如火如荼"。基于市场观察及政策分析，我们对中国家族办公室行业的未来发展做出以下趋势展望：首先，家族办公室作为与家族基金会、家族信托等并行的一种家族顶层架构，不但被越来越多的国内超高净值家族青睐，而且作为国内一种新兴业态也逐渐获得地方政府的关注，部分地区业已出台包括人才落户、租金减免、个税优惠以及其他专项补贴等针对性的优惠或鼓励政策，也从政策层面推动家族办公室的发展。其次，起步较早且发展成熟的单一家族办公室正在寻求转型为联合家族办公室，通过多家族的财富共同管理以加深各家族彼此间的利益联系及交流，以更好应对全球经济发展的变化，同时也可以降低家族办公室的相对运营成本。最后，越来越多的职业投资人、财税专家以及律师开始将以家族办公室为代表的私人客户作为服务的重要方向，蓬勃发展的家族办公室行业也吸纳大量专业人士转型成为职业经理人，进一步促进家族办公室行业的专业度和多样性的不断提升。自 2014 年青岛最早提出打造"财富管理金融综合改革试验区"，到 2022 年已有北京、深圳等多个城市相继提出建设国际（全球）财富管理中心的发展目标；此外，中国香港也提出在 2025 年底前推动不少于 200 间家族办公室在港设立或扩展业务的目标。我们相信，中国家族办公室在中国各地推动财富管理中心建设的背景下势必迎来数量上的快速增长。

第二节　家族服务生态

　　随着中国高净值家庭数量的快速增加，以及财富传承需求不断上升，家族财富管理的需求日益旺盛，为传统财富管理行业带来了巨大的转型机遇。近年来家族财富管理已经成为刚需，但无论是信托公司、私人银行、第三方财富管理机构、家族办公室等财富管理服务机构和律所、税务顾问等专业服务机构，还是企业家、高净值家庭自身，在真正面对家族治理与传承这个复杂问题时，却发现财富管理并非易事，不但容易流于"头痛医头、脚痛医脚"的表面功夫，更容易为未来发展埋下严重隐患。因此，越来越多的企业家、服务机构、专业人士开始关注整个家族及其事业系统，以家族自身理念为核心逐渐形成了家族治理、企业治理、财富管理等广泛协同合作的生态体系。

一、家族自身的理念完善

　　随着全社会知识水平的整体提升与财富管理行业的趋于成熟，家族作为个人成员与财富事业的承载平台，其财富管理的确离不开各类金融机构与专业人士的配合与辅助。中国人民银行于 2021 年 12 月 29 日发布的《金融从业规范·财富管理》根据财富管理从业人员所服务客户的金融资产规模及所提供服务的不同，将专业人员分为个人理财师、理财规划师、私人银行家、家族财富传承师等不同职业级别，并对每个级别的角色定位、职业能力提出了明确的要求。按照这个文件，财富管理贯穿于人的整个生命周期，在财富的创造、保有和传承过程中，通过一系列金融与非金融的规划与服务，构建个人、家庭、家族与企业的系统性安排，实现财富创造、保护、传承、再创造的良性循环。

对于家族来说，具备一定的家族理念与财富管理认识将有助于家族在各类机构和专业人士中选择最适合自己的服务与方案，并能够在顶层结构落地的过程中更好地与服务机构协同，充分发挥专业工具的优势，避免潜在的风险与损失，使自身的家族在治理与传承服务生态中始终处于健康发展的核心地位。遗憾的是，目前有非常多关于专业机构及专业工具的介绍书籍，然而针对家族成员的知识分享却较少成体系。本书作为中国家族企业管理智慧丛书之一，希望能够以稍成体系的逻辑框架，呼吁家族及服务机构可以健康观、系统观、成长观看待家族及其事业的发展，优化家族服务生态系统。要提升家族自身的健康理念和养生意识，从"治未病"入手检视家族及事业的健康状况，要绘制好凝聚家族共识的发展蓝图，从而更好地与服务机构相配合，共同推动家族治理与传承综合解决方案的落地，让家族及家族企业更有底气地面对转型发展、事业交接班以及未来环境的不确定性。

家族有共同目标，大家的感情就会增进；有了感情，很多矛盾就更容易解决。任何家庭都有温度，每一个家庭都有自己的故事——爷爷奶奶的故事、爸爸妈妈的创业故事，分享这样的故事，会增进家庭成员之间的交流，进而增进感情。在讲述家族历史故事、梳理家族蓝图的过程中，家族成员共同探讨家族目标，这个过程本身也会极大增进彼此感情与身份认同，家族将有更高的韧性面对各类内部矛盾和外部风险。

很多人会以为只有大企业、大公司才需要有使命和愿景，其实并非如此，个人要立志，一个家族自然也要立志。以家族企业传承为例，传承实际上是对家族和企业愿景、价值观的挑战，有没有核心的价值观和使命感，能否让家族成员接受和认同这样的使命感，是家族能否顺利传承的关键。时至今日，中国的企业家在这些基本问题上往往缺乏一致的想法，一代定位不明确，二代也会随之陷入迷茫，由此就必然会影响事业传承的质量。传承的首要任务是培养下一代的使命感，必须注重精神传承，有规划、有原则地将物质财富传承给子女的同时，在明确家族蓝图的指引下培养后代"脚踏实地""勤奋""拼搏""独立自主"等个人素质、能力和品质，让财富成为子女生活和事业的助推力将更加重要。无论是只有夫妻二人的小家庭，还是多代同堂的大家族，都需要对自身定位、事业发展有明确的共识，并通过集体主动、积极的沟通，凝聚家族愿景和价值观，培养家族成员的使命感和责任感，为家族的事业发展提供具有正向效果的"家族性"优势。

因此，在与服务机构合作之前，家族成员首先要通过充分的沟通，绘制自己的家族蓝图，成为引导个体成长和事业发展的精神灯塔。未来取决于过去与现在，家族需要以情入手，通过共同回忆过去的家族发展历史，梳理与总结家族及事业的精神财富、社会情感财富，提升认同感，珍视共同的历史与精神财富，研讨当下面临的风险与挑战，共同面向未来。家族蓝图为家族定义了共同的历史存在，为家族提供了共同的当下联结，更为家族指引了共同的未来发展方向。

二、顶层结构与家族企业双重治理

本书将家族置于核心位置，围绕家族及其事业系统构建了适用于华人家族完整的榕树模型。然而，对大多数创富家族来说，企业仍是其事业的主要载体和财富的主要来源。因此，当进一步聚焦到家族企业时，本书重点介绍了其治理与传承的顶层结构，希望读者能够从梳理家族蓝图到设计顶层结构、再到落地专业工具，以家族基金会和家族信托为例，构建一套完整的逻辑思维框架。至于顶层结构中涉及的具体子系统的家族和企业的双重治理问题，请各位读者参阅中国家族企业管理智慧丛书之《家族企业治理：家族、股东与高管的平衡术》相关内容。

家族企业治理是指用于协调家族企业的所有者、高层管理者以及家族成员等不同类型利益相关者之间权利和责任关系，以及同一类型利益相关者内部关系的一整套的契约、规则、程序、机构等制度构架和安排。由于家族成员可能扮演了控制人、股东、董事、高层管理者等角色中的一种或几种，并且企业的所有权、控制权、管理权会在不同代际家族成员之间发生传承，因此家族企业治理的制度安排要比非家族企业治理更为复杂，包含了家族治理、所有权治理以及高管层治理三套各自独立又相互重叠、彼此影响的并行治理机制（见图 5-1）。

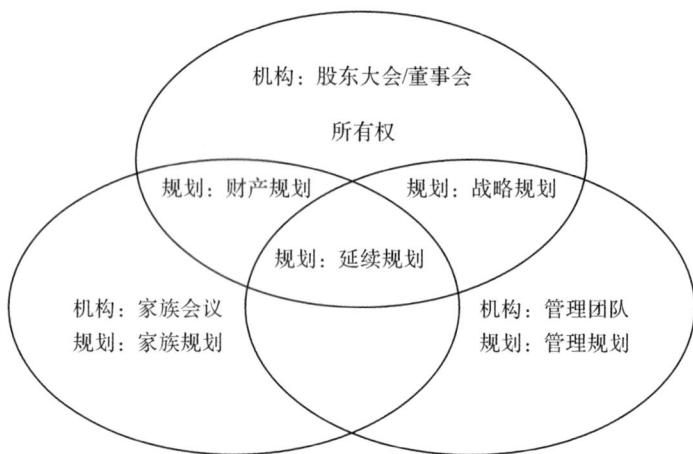

图 5-1　家族企业治理制度安排

　　基于家族企业三环模型，每个子系统都应该有相应的治理结构和规划。而且，虽然三个子系统是相互独立的，各自的决策可以单独制定，但交叉重叠领域需要跨系统的沟通和协作。其中，家族治理的核心是通过正式和非正式治理机制，解决家族内部的利益背离问题，帮助建立家族成员彼此间的信任，增进家族团结（关于家族系统中家庭关系与精神传承，请参阅中国家族企业管理智慧丛书之《中国式创业家庭：基业长青的关键力量》）；同时协调好家族与企业之间的关系，比如明晰家族系统与企业系统的边界、确保家族对企业的长久控制等，提高企业的生存率。

企业治理中，所有权治理指的是由股东大会和董事会负责的治理体系，具体负责战略计划、延续性计划和继任计划，同时计划董事会与家族之间信息分享或协调行动的方案，以确保家族和企业彼此互补；非家族经理人治理则要求控股家族需要为非家族经理提供有效的激励约束方案，通过正式契约和建立信任处理好关键的非家族经理和控股家族的沟通与协作。

家族企业治理会随着家族与企业的动态以及家族涉入的程度而表现出多样性、动态性特征。鉴于此，《家族企业治理：家族、股东与高管的平衡术》一书在提供原则性知识的基础上，辅之以案例分析形式配合说明，希望通过介绍华人家族在治理家族与企业过程中的做法，来梳理不同国家家族企业治理的共性与特色。不过，家族企业治理没有"放之四海而皆准"的最佳做法，只有适合各自家族和家族企业环境的做法才能发挥良好作用。有了本书的华人家族整体理论框架，并明确自身家族蓝图和健康状况后，读者在阅读《家族企业治理：家族、股东与高管的平衡术》时，可以对照具体的工具与方法，结合生动的案例，直奔自己感兴趣或有疑问的主题，想必会有一个更成体系的理解和为我所用的认知。

三、家族整体财富管理

中国在最近几年已经成为全球创造财富最快的国家，超高净值家庭的关注重点逐渐从"创富"，过渡到"传承"和"安全"，各类股权投资、固定资产投资和金融投资在家族资产中所占的比例也越来越大，如何妥善管理各类投资，实现资产合理配置和可持续传承成为家族需要考虑的重要议题。资产管理是指根据具体某项资产管理合同约定的方式、条件、要求及限制，由专业的资产管理人对客户资产进行经营运作，为客户提供证券、基金及其他金融产品，并收取费用的行为。而财富管理是个人、家庭、家族与企业的系统性安排，以财富传承为首要目标，涉及财富的创造、保有和传承，既包括通过资产配置为投资者构建投资组合以实现财富的保值增值的金融业务，也包括家族服务、传承规划等一系列非金融服务过程，最终实现家族财富的全生命周期良性循环。资产管理以标准化产品为主，而财富管理因为在家族诉求、核心资产等方面存在巨大的差异，更追求个性化的管理和服务。目前市场中进行资产管理的专业机构较多，而真正进行财富管理的机构还比较少。

结合榕树模型可以发现，家族财富的繁盛发展既来自家族生命力的支撑，又通过代际的传承赋能家族整体事业发展、后代教育和能力培养，因此家族财富管理对个性化、安全性和可持续的要求非常高。

在家族系统中，以家族为核心绘制家族蓝图永远是第一位，财富管理机构也需要根据家族的规划进行个性化的管理，并需要结合短期收益和周期性增长。财富传承的前提是财产的安全性，因此在顶层结构的设计中通过法律框架来实现财产隔离、保持独立，实现所有权和经营权、收益权的分离是非常重要的。最后，家族财富的传承需要注重家庭和谐、有序性和可持续性，而不仅仅是简单的财富分配问题。归根到底，财富的意义在于支持更多的家族成员实现自己的人生理想，富过三代的根基也一定是清晰的财富管理和分配机制、家族利益共识以及家族成员的积极向上的价值导向和能力培养。

事业有成的家族虽然在经营企业方面非常擅长，但涉及非专业的财富管理领域时难免缺乏认知，而专业服务和专业人才的缺失也使得行业中财富管理质量良莠不齐，给家族分辨与选择合适的合作机构带来一定困难。

四、家族企业永续传承

全球 500 强企业中，约有 40% 为家族企业，包括大家熟知的沃尔玛、福特、三星，都是家族企业的典范。然而放眼全球，只有 13% 的家族企业能经营超过三代。为什么有些家族企业能够顺利延续上百年，而多数家族企业则不能呢？中国现代企业从 20 世纪 80 年代起步，经过 40 多年发展，如今走到了一代向二代传承的关键时间点。家族企业与家庭的联系十分密切，当上一代企业主退出历史舞台，企业首当其冲的便是财产分割带来的风险。家族企业永续传承可以从以下三个方面去考虑。

首先，子女接班问题。大部分家族企业在思考传承时，首先考虑的接班人都是子女。不过，如今企业交接班出现问题的责任，将更可能在于企业主方（父代），而不是子女。根据对中国家族企业生存现状的调查，子女的接班意愿是相对明确的，反倒是企业主的交班意愿存在较大变数，关键问题在于，子女的接班意愿和能力并不一定同时具备。此外，父代愿意交班，子女不愿接班，或者子女的能力、兴趣不在接下父辈事业的状况同样存在。

其次，无形资产传承重于财产继承。有学者在研究著名公司的长寿基因后发现，凡基业长青的公司都有以下相似要件：有利润之上的追求；保存核心，刺激进步；制定了长远的战略规划；建立公司治理结构；拥有积极开放的企业文化；注意培养接班人团队；始终保持沟通；永远保有创业精神。家族企业是家族与企业的共生体。家族是讲求爱的地方，而企业讲求的则是效率，因此家族企业的永续经营，往往需要平衡好更多元的因素。

最后，家族企业传承无异于二次创业。多数企业大多没有很长时间的历史积累，而是在改革开放和市场细分滞后于发达国家，以及全球经济趋向一体化的大环境下，通过抓住机遇以及自己的努力，获得了高速的经济增长。可以说，中国的第一代企业家所处的市场环境，基本上属于机会主义市场。接班议题，犹如一个二次创业的过程。重视继承而忽视传承，对家族企业发展是危险的，毕竟财产、物质可以继承，而传承则是一种精神，是基业长青更重要的条件和纽带。

对拥有企业、正在考虑交接班问题的家族来说，家族企业及家族财富的整体传承更具复杂性、系统性和挑战性。在本书所阐述的框架之下，对家族企业的传承以及具体新生代企业家培养感兴趣的读者可以参阅中国家族企业管理智慧丛书中有关传承与接班人培养的相关内容，进行更详细的了解。

后 记

通过本联合课题组 10 余位执笔者一年多的努力，本书的写作逐渐进入尾声，我们在此向读者介绍一下本书完成的来龙去脉。

浙江大学管理学院企业家学院、德恒律师事务所和浙金信托，是家族服务生态圈的战略合作伙伴，陈凌担任德恒（杭州）家族财富管理法律中心［以下简称德恒(杭州)］的学术顾问。近年来，德恒（杭州）在基金会业务领域开展了一系列的研究与实践，积淀了一些思考和感悟，目前担任杭州市基金会发展促进会、杭州市慈善总会（杭州市慈善联合会）、浙江省微笑明天慈善基金会和浙江中国美术学院教育基金会的常年法律顾问。浙金信托这些年坚定战略转型，把家族信托作为其重点转型方向，并在行业中处于前茅。

三年前，浙江大学管理学院企业家学院已经筹划中国家族企业管理智慧丛书，德恒（杭州）作为德恒全国财富管理业务中心的秘书长单位，也在考虑为 2023 年初的德恒 30 周年大庆做点什么，而浙金信托也在家族治理的顶层设计中进行积极的探索。我们三方一拍即合，决定以全球家族基金会，特别是国内较少关注、但与中国国情更相接近的德国、日本为研究对象，为本套丛书贡献一本有关家族基金会理论与实践的图书。陈凌早年在德国留学攻读博士学位，回国后一直关注和研究德国家族企业，并对于大陆法系下的家族基金会印象深刻；毫无疑问，以家族基金会为核心的家族治理与传承顶层结构与英美法系国家有着很多不同，同时不同模式也互相学习和融合，因此这些比较研究对于我们探索适合中国家族治理与传承制度设计有着重要的借鉴意义。本书在写作过程中又有浙江财经大学法学院留德博士叶玮昱、留日博士资默奇加盟，两位博士对德日家族基金会法律和案例的研究为本书增色不少。

本书原拟名为"家族基金会架构的理论与实践"，随着研究的深入，我们将家族治理与传承顶层结构的研究对象扩展为家族基金会、家族信托和家族办公室。本书的理论部分采用浙江大学家族企业研究团队长期所运用的家族企业健康概念和家族成长发展的榕树模型，这样使得本书的内容可以和丛书的其他姐妹篇有更好的互相印证和支持，希望读者在阅读过程中可以对照和比较。我们认真讨论了以家族基金会、家族信托和家族办公室为核心的家族治理与传承的顶层结构理念与实践，课题组用来自美国、德国、日本和中国的典型家族案例较为深入地探讨不同结构的核心理念、历史成因、长期演变和利弊得失等，由于这些家族有着悠久的历史和较为丰富的研究支撑，因此这些家族案例是全书不可忽视的重要内容。

本书是团队努力的结果，浙江大学管理学院企业家学院团队、浙金信托的家族信托团队和德恒全国财富管理业务中心对本书的写作与研究给予了大力支持，在此感谢中心主任委员郭卫锋博士、副秘书长杜嘉霁律师以及柳迪博士，浙江大学管理学院企业家学院副院长朱建安教授、华南农业大学郭萍博士、浙江科技学院张玮博士，也感谢浙金信托总经理助理兼家族信托总部总经理黄永庆先生。本书也是继2021年《公益慈善实务操作指引》后，德恒（杭州）与浙金信托合作出版的第二本书。

本书编委会由陈凌和戴俊担任主编，张健担任首席专家。本书的写作初稿分工如下：

第一章：陈 凌、孙越琦（浙江大学）

第二章：张健［德恒（杭州）］；谢倧晶（浙江大学）；叶玮昱、资默奇（浙江财经大学）；柳迪、郭卫锋、杜嘉霁［德恒（北京）］

第三章：黄永庆、胡旭杰、周瑜（浙金信托）；资默奇、叶玮昱（浙江财经大学）；高学敏、吴靓婧（浙金信托）

第四章：陈凌、章迪禹、谢倧晶（浙江大学）；资默奇（浙江财经大学）；张健、周佳仪［德恒（杭州）］

第五章：陈凌、孙越琦（浙江大学）

最后由陈凌和张健完成全书的统稿工作。

完成书稿的同时，我们深切地感受到家族治理与传承的顶层结构问题牵涉到经济学、管理学、法学和历史学等多个学科，现在国内的理论和实践的探索还处于起步阶段，因此这方面的探索具有理论和实践价值，又具有极大的难度，我们期待更多的同行能够加入这个光荣又艰巨的事业，更欢迎大家批评指正。

陈凌戴俊张健

2022 年 11 月 10 日